Ewald Kleiner
Gärten am Hang

Ewald Kleiner

Gärten am Hang

Franckh-Kosmos

Impressum

Mit 25 Farbfotos von Ewald Kleiner, Radolfzell

Mit 18 Zeichnungen von Horst Lünser, Berlin

Vignetten von Marianne Golte-Bechtle, Stuttgart

Umschlaggestaltung von Atelier Reichert, Stuttgart, unter Verwendung von vier Farbfotos von Ewald Kleiner, Radolfzell

Die Deutsche Bibliothek –
CIP-Einheitsaufnahme

Kleiner, Ewald:
Gärten am Hang : [mit praktischem Arbeitskalender] / Ewald Kleiner. – Stuttgart : Franckh-Kosmos, 1992
  ISBN 3-440-06338-0

Alle Angaben in diesem Buch sind sorgfältig geprüft und geben den neuesten Wissensstand bei der Veröffentlichung wieder. Da sich das Wissen aber laufend in rascher Folge weiterentwickelt und vergrößert, muß jeder Anwender prüfen, ob die Angaben nicht durch neuere Erkenntnise überholt sind. Dazu muß er zum Beispiel Beipackzettel zu Dünge-, Pflanzenschutz- bzw. Pflanzenpflegemitteln lesen und genau befolgen sowie Gebrauchsanweisungen und Gesetze beachten.

© 1992, Franckh-Kosmos Verlags-GmbH
& Co., Stuttgart
Alle Rechte vorbehalten
ISBN 3-440-06338-0
Lektorat: Angelika Throll-Keller
Herstellerin: Kirsten Raue
Printed in Germany / Imprimé en Allemagne
Satz: G. Müller, Heilbronn
Herstellung: Huber KG, Dießen

Inhalt

Vorwort

Der lang gehegte Traum vom eigenen Haus und Garten endet oft am Hang. Dabei hatte man sich doch sein eigenes kleines Paradies ganz anders vorgestellt: ein ebenes, bis in den letzten Winkel voll nutzbares Grundstück, ohne Mauern und ohne Treppen. Doch irgendwann wird es den meisten bewußt, daß Hanggrundstücke eine ungewöhnliche Faszination besitzen. Und noch etwas haben alle gemeinsam: den Höhenunterschied. Viele sprechen deshalb bei Gärten am Hang von Problemgärten, die angeblich das Leben mit ihnen zu einem Abenteuer werden lassen. Daß dies nicht so sein muß, beweisen zahlreiche Beispiele aus der Praxis.

Meine Erlebnisse am Hang gehen auf ein Vierteljahrhundert zurück. Dabei sind es viele hundert Quadratmeter, die ich seit dieser Zeit rund ums Haus geplant, angelegt und naturnah bepflanzt habe. Was daraus wurde, zeigen die Bilder in diesem Buch, die fast alle meinem eigenen Garten entstammen. Doch es sind immer nur kurze Augenblicke eines langen Gartenjahres. Zwölf Monate Arbeit und Erleben am Hang auf wenigen Seiten darzustellen, ist nicht einfach. Trotzdem sei hier der Versuch gewagt, die schönsten Stunden im Jahreslauf, erweitert mit der großen Erfahrung im Garten am Hang und mit all den derzeit aktuellen Möglichkeiten, aufzuzeichnen. Vieles muß zwangsläufig unerwähnt bleiben.

Doch was bleibt, sind die Erinnerungen an die Tage, wo aus der Arbeit die Freude an einem gelungenen Werk entwächst, eine geglückte Synthese zwischen Pflanzen und Tieren entstanden ist. Jeder Schritt in den Garten am Hang offenbart es immer wieder neu: Es gibt kaum einen Garten, der so viel Leben birgt, ja jeden Tag neue Freuden bringt. Nur der versteht, der hier zu Hause sein darf!

Ewald Kleiner

Naturnahes Gärtnern am Hang

Ländliche Gegenden sind auch heute noch ein Eldorado für prächtigste Gartenpflanzen. Was irgendwann einmal in Klostergärten begann, findet man heute noch als kleinen, individuellen Garten vor manchem Bauernhaus, beim Dorfpfarrer oder einfach bei Menschen, bei denen die Zeit stehengeblieben zu sein scheint. Wie in der freien Natur wird hier das Leben von Abwechslung und Vielfalt bestimmt.

Doch nur wenige erahnen, wo dieses friedvolle Nebeneinander von Pflanzen und Tieren vorwiegend seinen Ursprung hatte: in geschützt gelegenen Hanglagen und alten Befestigungsmauern. Und genau diese Elemente finden sich in Hanggärten wieder. Dazu kommt eine Pflanzenauswahl ohne Ende, die, gekonnt ausgewählt und arrangiert, mit ihrer Urwüchsigkeit an ein kleines Paradies erinnert. Hier wachsen in vollendeter Harmonie Stauden, Blumenzwiebeln, Einjahrsblumen und Sträucher. Dabei müssen es nicht nur heimische Pflanzen sein, die hier ein neues Zuhause finden. Auch andere, teilweise über Jahrhunderte in unsere Gärten integrierte Pflanzen, gerne als »Exoten« bezeichnet, haben ihre Daseinsberechtigung, auch wenn ihr Nutzen für heimische Tiere vielfach unbedeutend ist. Ohne dieses Thema vertiefen zu wollen: Wer möchte schon auf die Forsythie, den Phlox, die Pfingstrosen und den Rittersporn verzichten? Und wer will, verbindet das Schöne mit dem Nützlichen. Ein auf einer Hang-Terrasse angelegter Nutzgarten bringt ganz nebenbei knackige Rettiche, leuchtendrote Tomaten und vor Gesundheit strotzende Kohlköpfe. Und immer wieder werden Erinnerungen an schöne Urlaubstage in südlichen Ländern wach: duftende Kräuter an und auf alten Trockenmauern.

Warum wächst eigentlich alles in einer mit etwas Sachverstand bepflanzten Hanglandschaft so gut? Im Gegensatz zu den leider über viele Jahrzehnte hinweg dominierenden Schema-Gärten ist hier die Welt noch in Ordnung. Eine über Generationen hinweg vorgenommene Pflanzenauswahl bedeutet, daß nur besonders widerstandsfähige Arten ihr Zuhause gefunden haben. Dann die Düngung. Bevorzugt sollte man organische Dünger verwenden. Dies bedeutet Nahrung für die unzähligen Mikroorganismen und für den Regenwurm, den heimlichen und unersetzlichen Helfer in jedem Gartenboden. Dazu kommen noch viele Rezepte des naturnahen Gärtnerns. Da vertreibt der Duft des Lavendels die Blattläuse an Rosen, eine sorgfältig gebraute Brennesseljauche dient als Dünger, und eine Herbstpackung aus Rindenmulch oder strohigem Mist bringt viele Pflanzen auch durch extreme Winter.

Bei einem mit großer Liebe zum Detail angelegten Garten am Hang darf das Element Wasser nicht fehlen. Ob als Vogeltränke, kleiner Wasserlauf oder Gartenteich, jede Anlage erfährt dadurch eine zusätzliche Bereicherung. Und mit der naturnah orientierten Anlage und Bepflanzung sind auch die Tiere da: Eidechsen und Blindschleichen, Frösche und Kröten, Igel und zahlreiche Vogelarten. Dazu wimmelt es von Grillen, Heuschrecken, Kleininsekten und Schmetterlingen. Viele Pflanzen werden regelrecht zur »Insektenweide«.

Trotz aller Naturnähe, gerade bei exponierten Anlagen am Hang, kann in manchen Fällen auf künstliche bzw. industriemäßig vorbereitete Bauelemente nicht verzichtet werden. Hier helfen wüchsige Kletter- und Hängepflanzen. Mit ihnen lassen sich in kürzester Zeit ursprünglich naturfremde Stellen begrünen. Auch aus Gründen der Sicherheit, z.B. im Wegebau, muß oft auf »Kunstbauten« zurückgegriffen werden. Sorgen bereiten höhere, etwa einen Meter überschreitende Trockenmauern. Wer nicht alle zwei bis drei Jahre ein durch Absinken und Auswaschen zerstörtes Refugium immer wieder neu aufbauen will, kommt nicht umhin, ein Fundament aus Magerbeton oder schwere Betonsteine oder -platten als Mauerfuß einzuplanen. Auch hier wachsen allerdings in kürzester Zeit Pflanzen über diese zwangsläufig erforderlichen kleinen »Sünden« in unserem Hanggarten.

Hanggärten richtig planen

Neben Länge und Breite des Hanggrundstückes ist vor allem der Höhenunterschied wichtig. Ein sogenannter Höhenplan gibt darüber wertvollen Aufschluß. (Das ist die zeichnerische Darstellung eines Hanggrundstückes mit Angabe der Höhendifferenz in Metern, im allgemeinen erstellt von Vermessungsbüros mittels Nivelliergerät. Der Höhenplan dient dem Garten- oder Landschaftsarchitekten als Grundlage für planerische Maßnahmen.) Aber auch eine Portion Augenmaß gehört dazu, denn das Gelände muß möglichst natürlich wirken. Außerdem sollte sich die Anlage gut in die übrige Landschaft und in das Gesamtbild benachbarter Gärten eingliedern.

Bereits bei der Neuanlage des Gartens ist der zu terrassierende Hang in seinen Grundzügen anzulegen. Nichts ist nämlich mühsamer, als später mit Schaufel und Schubkarren das oft über Jahrtausende und länger »gewachsene Erd-

reich« umzusetzen. Beim Terrassieren anfallender Oberboden wird seitlich gelagert, nicht für Auffüllungen benötigter Unterboden kann abgefahren werden. Doch aufgepaßt: In manchen Baugebieten schreibt der Bebauungsplan für den Garten Obergrenzen für Mauer- und Auffüllhöhen vor (bei Stadt bzw. Gemeinde erkundigen).

Terrassen sollten geschickt in das Gelände eingebaut werden. Dazu wird meist eine Hälfte in den Hang hineingeschnitten, während die andere Hälfte zum Tal hin aufzuschütten ist. Sofern das Auffüllgelände nicht verdichtet wird, kommt es oft jahrelang nicht zur Ruhe, d.h., es sinkt ungleich ab. Damit entstehen Gefahren für Fundamente, Trockenmauern, Treppen und Wege und eigentlich alles, was mit großem Aufwand erstellt oder angelegt wurde. Gerade hier ist Sorgfalt und etwas Geduld angebracht.

Wie nun ein Hanggarten durch Stützmauern, Treppen und Wege am zweckmäßigsten angefangen wird, hängt von der beabsichtigten Nutzung ab. Wer ihn als erweiterten Wohnraum nutzen will, sollte ihn so eben wie möglich und ohne Gefahrenquellen anlegen. Dazu gibt es ein altbewährtes Rezept: Er wird in Terrassen unterteilt. Entweder man teilt das Erdreich in großzügig angelegte Stufen auf, oder es kann durch ein Holzdeck eine künstliche Ebene, eine besondere Art einer Terrasse entstehen. Sofern der Hang terrassiert wurde, muß er bei großem Gefälle durch Treppen, bei kleinem durch Treppen-Wege miteinander verbunden werden. Wege dürfen jedoch den Hang nicht durchschneiden, sondern nur seitlich erschließen. Und noch etwas: Sie müssen bei jeder Witterung sicher begehbar sein. Auf ihnen ist dann der Weg nicht weit zu Gartenteich, Sitzplatz oder Gemüsebeet.

Hilfsmittel zur Hanggestaltung

Massivmauern nur im Notfall

Dort, wo der Erddruck mit lose aufgeschichteten Steinen nicht aufzuhalten ist, kommt mit hohem Kostenaufwand und vom Fachmann berechneter Stabilität auch langweilige Betonornamentik in den Garten am Hang. In festem Erd-reich gegründete Massivmauern aus Beton und mit Beton gefüllte Schalungssteine sind nur zwei Möglichkeiten, wie ein Hanggarten im Notfall befestigt werden kann. Doch auch hier bieten sich Möglichkeiten an, eine Bepflanzung vorzunehmen. So können bereits bei der Planung von Stützmauern

Durchlässe vorgesehen werden, die dann später – möglichst vorkultivierte – Pflanzen aufnehmen. Als sinnvoll erwies sich das Eingießen von durchgehenden Styroporstücken (etwa 6 cm Durchmesser). Sie werden nach Erhärten des Betons einfach herausgebrochen. Damit entfallen aufwendige Bohr- und Spitzarbeiten.

Doch es gibt noch eine andere Möglichkeit, um Massivmauern kaum in Erscheinung treten zu lassen. Mit der sogenannten Vorschüttung wird zuerst Kies und dann Erde vor die Mauer schräg angefüllt, nach Absetzen mit Steinen dekoriert und anschließend bepflanzt. Je nach Mauerhöhe und Terrassentiefe können mit dieser Methode Betonstützmauern bis zwei Meter Höhe und mehr vollkommen getarnt werden. Wer eine Liebe für Freilandsukkulenten hat, kann hier seinen Wünschen freien Lauf lassen. Die einzige Bedingung: Es wird viel Sonne gewünscht. Winterharte Agaven, Feigenkakteen, Mittagsblumen und die zahlreichen Mauerpfeffer, Fetthennen und Hauswurzarten bringen nicht alltägliche Formen und Farben an derartige exponierte Steingartenplätze.

Begrünte Wände aus Fertigelementen

Gemeint sind damit vor allem Betonfertigteile, die neben den altbekannten U- und L-Steinen, Betonringen, Winkel-Böschungssteinen o. ä. eine neue Generation der halbmassiven Hangbefesti-

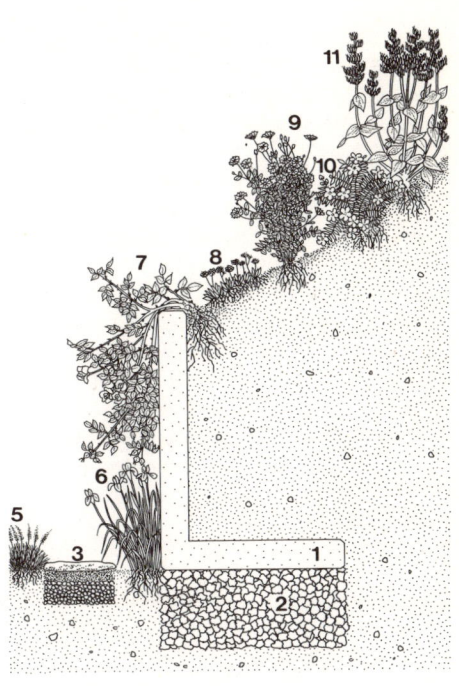

L-Steine ① in verschiedenen Größen und Strukturen eignen sich besonders zur Herstellung kleiner Stützmauern. Um Setzungen zu vermeiden, lohnt das Aufsetzen auf je nach Höhe 30 – 80 cm Magerbeton ②. Davor ein Plattenweg ③. Die Platten sollten auf einen Unterbau aus 10 bis 15 cm Kies und 5 cm Sand verlegt werden. Zahlreiche Pflanzen bringen zur Frühsommerzeit Formen und Farben: ⑤ *Festuca amethystina* (Regenbogenschwingel), ⑥ *Iris sibirica* (Sibirische Iris), ⑦ *Rosa* 'Coral Dawn' (Kletterrose), hier hängend gezogen, ⑧ *Hieracium pilosella* (Habichtskraut), ⑨ *Coreopsis lanceolata* 'Sterntaler' (Mädchenauge), ⑩ *Hypericum calycinum* (Hartheu) und ⑪ *Centranthus ruber* 'Coccineus' (Spornblume).

gung mit Bepflanzmöglichkeit bedeuten. Die meisten dieser Elemente werden grundsätzlich lose aufeinandergesetzt. Man beachte in jedem Fall die entsprechenden Hinweise der Hersteller. Um bei schlechtem Untergrund Setzungen zu vermeiden, lohnt ein Fundament aus Magerbeton. Je nach Größe der Pflanzräume lassen sich nicht nur dauerhafte Stützmauern erstellen, sondern ansehnliche Sammlungen interessanter Pflanzen unterbringen. Es gibt eine große Anzahl Systeme, die alle jedoch eines gemeinsam haben: Sie benötigen verhältnismäßig viel Platz. Die Mauertiefe sollte auf jeden Fall den

Empfehlungen der jeweiligen Hersteller entsprechen. Übrigens werden derartige Elemente neuerdings in fast allen Naturfarben (grün, braun usw.) geliefert.

Böschungssteine zeigen Leben

Eine weitere Möglichkeit der Befestigung und Bepflanzung eines Hanggeländes bietet die Verwendung von Böschungssteinen. Sie werden einfach auf die abgeschrägte Erde gelegt. Ihr Einsatz erfolgt vorwiegend dort, wo abfließendes Oberflächenwasser Auswa-

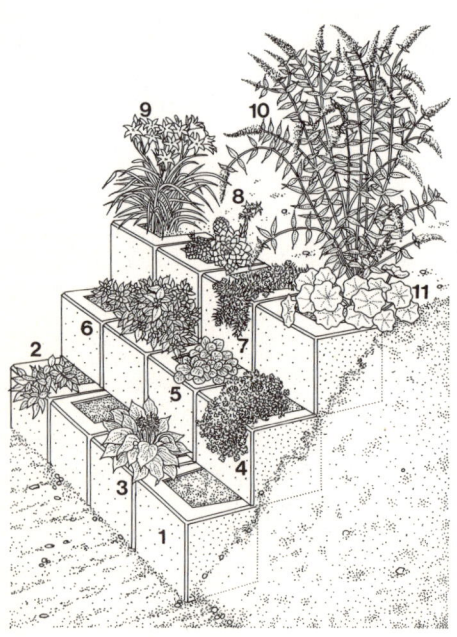

Böschungssteine ①, hier in U-Form, erleichtern die Gestaltung extrem steiler Hangpartien. In Einzelfällen kann ein Fundament aus Magerbeton wie auch eine Drainage erforderlich werden. Ein besonderer Vorteil dieser hier verwendeten Elemente ist der zum Hang hin offene Bereich, der vor allem wüchsigen Stauden und Gehölzen mehr Wurzelraum bietet. Pflanzvorschlag für Standorte nach Südosten: ② *Nepeta racemosa* (Katzenminze), ③ *Hosta sieboldiana* 'Elegans' (Blaublattfunkie), ④ *Saponaria ocymoides* (Seifenkraut), ⑤ *Chiastophyllum oppositifolium* (Goldtröpfchen), ⑥ *Hypericum polyphyllum* (Zwerghartheu), ⑦ *Phlox amoena* (Teppichphlox), ⑧ *Sempervivum tectorum* (Hauswurz), ⑨ *Hemerocallis* 'Pink Embers' (Taglilie) und ⑩ *Buddleja alternifolia* (Sommerflieder). Als Unterpflanzung für lichte Gehölze und zum Begrünen der Böschungssteine eignen sich die Hybriden von ⑪ *Tropaeolum* (Kapuzinerkresse) als schnell begrünende Einjahrsblume.

schungen verursacht. Auch hier bietet der Baustoffhandel verschiedene Ausführungen an (Herstellerhinweise beachten!). Geschickt bepflanzt, können Böschungssteine bereits nach kurzer Zeit völlig überwachsen sein.

Eine Chance für den Steingarten

Schon immer bewunderten Naturfreunde das Pflanzenleben der Gebirge unserer Erde. Große Temperaturunterschie-

Vollsonnig gelegener Steingarten mit Kiesunterbau als Drainage ①, ca. 10–30 cm hoch, und unregelmäßig geformten, vorwiegend flachen Natursteinen ②. Pflanzvorschlag: ③ *Sempervivum arachnoideum* (Spinnwebhauswurz), ④ *Sedum floriferum* 'Weihenstephaner Gold' (Teppich-Sedum), ⑤ *Lotus corniculatus* 'Plenus' (Hornklee), ⑥ *Veronica prostrata* (Ehrenpreis), ⑦ *Phlox subulata* (Teppichphlox), ⑧ *Cerastium arvense* 'Compactum' (Hornkraut), ⑨ *Thymus x citriodorus* 'Variegatus' (Thymian), ⑩ *Gypsophila repens* 'Rosea' (Kriechendes Schleierkraut), ⑪ *Anacyclus pyrethrum* var. *depressus* (Ringblume) und ⑫ *Dryas octopetala* (Silberwurz).

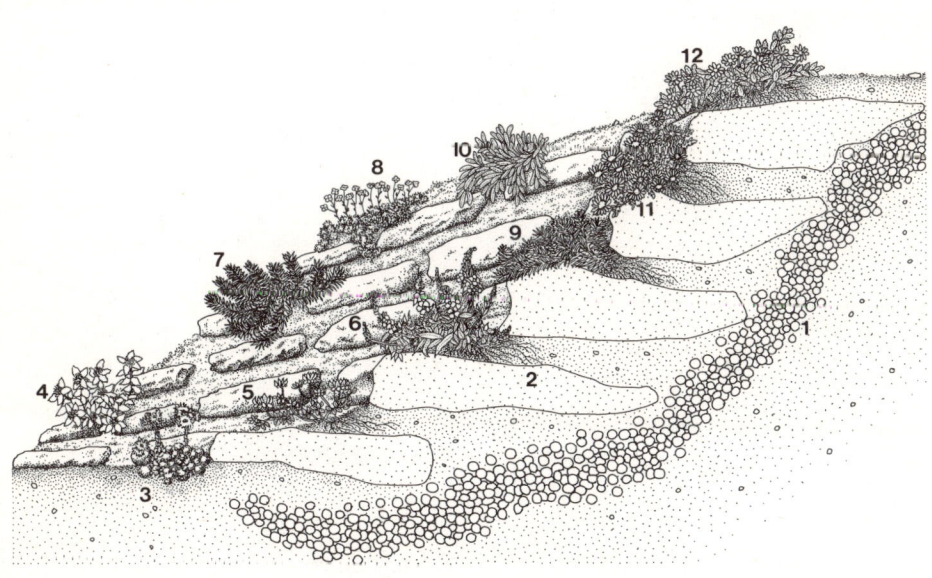

de und intensive Sonneneinstrahlung bestimmen dort den Jahreslauf. Was in solchen Extremlagen wächst, muß sich anpassen können. Dabei entwickeln sich die Pflanzen zu eigenwilliger Schönheit: zu einem Leben zwischen Steinen. Gärtner und Pflanzenliebhaber begannen sehr früh, sich diese Gebirgsgärten ins Flachland zu holen. Gerade Gärten am Hang waren schon immer ein Domizil für Lebenskünstler aus aller Welt. Doch damit sie sich wohl fühlen, müssen Vorleistungen erbracht werden.

Auf die Steine kommt es an

Die Steine sind hier immer nur Mittel zum Zweck. Sie sollen den Hang befesti-

gen, dekorieren und darüber hinaus als Temperatur- und Feuchtigkeitsregulatoren dienen. Dabei dürfen sie nur wenig aus dem Steingarten herausragen. Man vergleiche sie mit Eisbergen, deren Großteil dem Beschauer verborgen bleibt. Nichts ist häßlicher als aufrecht gestellte, dazu noch lackierte Steine, die eher einer Steinsammlung ähneln und die Verbindung zu ihrer Umgebung, den mannigfaltigen Pflanzenschätzen, leider vermissen lassen.

Wer seinen Garten am Hang als typischen Steingarten anlegen will, sollte immer von der tiefsten Stelle aus beginnen. Sinnvoll ist es, die Basis mit einer Mauer aus Beton, eingelassenen Holzpalisaden oder dann gleich als typische

Igelbehausung in einer Trockenmauer. Beim Bau der Mauer vorgesehene Höhlen, Höhe 20 cm, Tiefe 30 cm, am Eingangsloch 15 cm und im Innern auf 30–40 cm Breite erweitert, werden, mit Pflanzen, Reisig und Laub getarnt, oft spontan angenommen.

Viele Kröten bevorzugen als Behausung Nischen in Trockenmauern. Bereits beim Bau der Mauer kann durch die Verwendung entsprechender Steine auf die Bedürfnisse der Tiere Rücksicht genommen werden.

Trocken- oder Natursteinmauer zu begrenzen. Dem natürlichen Empfinden kommen auch stufenförmig übereinandergeschichtete größere Steine, Findlinge und Platten sehr nahe. Entscheidend für die Lebensdauer von lose aufgeschichteten Steinen ist immer ein stabiler Unterbau, evtl. aus Magerbeton, und ein möglichst geringer Neigungswinkel. Dazwischen müssen Stellen freibleiben, die dann Erde und Pflanzen aufnehmen können. Zu dem Steinmaterial selbst: wenig haltbar sind gebrochene Kalksteine. Sie verwittern zu rasch. Weit empfehlenswerter sind Steine aus Granit, Schiefer, Basalt usw., die, jeweils auf ihre flachste Seite gelegt, den Eindruck eines besonders naturnahen Steingarten vermitteln.

Die Trockenmauer als Lebensraum

Zur gern gesehenen Variante des Steingartens zählt die Trockenmauer. Sie bietet durch ihre lose Gesteinsschichtung und den sich damit bildenden Fugen einen idealen Lebensraum für wärmeliebende Pflanzen und Tiere. Gerade anspruchslose Kleinstauden und die zu ihnen zählenden Freilandsukkulenten entfalten sich nur hier zu ihrer wirklichen Schönheit. Beachtlich ist der Tierreichtum in und um Trockenmauern. Eidechsen sonnen sich auf den Steinen. Kröten, Laufkäfer, Mauswiesel, Spitzmäuse und viele andere Tiere, die im Garten für das biologische Gleichgewicht sorgen, machen die Maueröffnun-

Trockenmauer aus behauenem Naturstein. Eine Drainage aus Kies, auch Hinterfütterung ① genannt, erhöht die Lebensdauer. Mauersteine ②, Zwischenräume zur Aufnahme der Pflanzen ③, Drainagerohr ④, labiles Fundament ⑤ für eine Höhe bis 100 cm, für Trockenmauern darüber Fundament aus Magerbeton bis zur Frosttiefe, im allgemeinen 80 cm. Davor ein Plattenweg aus Naturstein ⑥. Unterbau aus Sand (5 cm) ⑦ und Kies (10 bis 15 cm) ⑧. Pflanzbeispiel von oben: ⑨ *Iris x barbata* (Bartiris), ⑩ *Delosperma nubigenum* (Mittagsblume), ⑪ *Sedum sieboldii* (Oktoberle), ⑫ *Sempervivum tectorum* (Hauswurz), ⑬ *Cymbalaria muralis* (syn. *Linaria cymbalaria*, Zimbelkraut), ⑭ *Festuca glauca* (Blauschwingel) und ⑮ *Delosperma cooperi* (Mittagsblume).

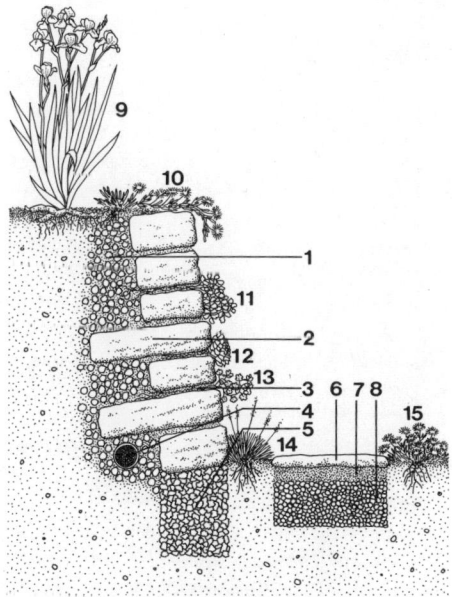

gen zu ihrem Unterschlupf. Auch einzeln lebende Bienen und Wespen finden zwischen den Steinen ihr Zuhause.

Als Baumaterial werden meist gehauene Gesteinsblöcke oder größere Platten verwendet. Doch auch Findlinge und größere Bruchsteine aus Granit, Vulkangestein o. ä. ergeben sehr rustikale Mauern und sind, sofern sie richtig aufgeschichtet werden, erstaunlich langlebig.

Bruchsteinmaterial aus Sandstein und Kalkgestein leidet stark unter Verwitterung, bröckelt deshalb ab und muß immer wieder erneuert werden. Dies ist sehr nachteilig für die einmal vorhandene Lebensgemeinschaft. Deshalb gilt es, auf sorgfältige Planung, bewährte Baumaterialien und eine zweckentsprechende, dauerhafte Bepflanzung zu achten.

Je höher die Trockenmauer werden soll, um so größer ist der Druck der dahinterliegenden Erde. Eine Trockenmauer bis 1 m Höhe benötigt nur ein labiles Fundament. Für höhere empfiehlt sich ein Betonfundament. Die Trockenmauer ist mit einer leichten Neigung zum Hang hin aufzubauen. Die Aufschichtung der Steine erfolgt mit einer Neigung von 10 bis 20 %. Abfließendes Oberflächen- und Sickerwasser stellt eine weitere Gefahr für jede Trockenmauer dar. Es lohnt deshalb, hinter der Steinaufschichtung immer eine drainierende Schicht aus Kies oder Bauschutt einzubringen. Eine Anleitung für den Trockenmauerbau wird hier aus Platzgründen nicht gegeben. Weiterführende Fachliteratur gibt es im Buchhandel.

Der geschützte Platz vor der Trockenmauer, die Fugen und letztlich die Mauerkrone sind ausgezeichnete Pflanzbereiche für viele Pflanzen. Es lohnt, die zukünftigen Fugenbewohner gleich beim Mauerbau einzusetzen. Am besten mit Erdballen, der bei entsprechender Vorkultur in Töpfen eine wertvolle Einwurzelungshilfe darstellt. Vor allem wird damit das anfängliche Herausfallen unzureichend eingewurzelter Pflanzen vermieden.

Im Interesse der Tierwelt sollten jedoch zahlreiche Zwischenräume frei von Erde und damit einer Bepflanzung bleiben. Im Inneren der Mauer können durch Verwendung von Steinplatten auch größere Höhlen als Unterschlupf für Tiere vorgesehen werden.

Oben links: Vollsonnige, mit Steinen gestaltete Hangpartien sind für winterharte Sukkulenten wie geschaffen. Dankbare Blüher sind das Kamtschatka-Sedum, *Sedum kamtschaticum* var. *ellacombianum* (vorne rechts) und die gut frostharte Mittagsblume aus Südafrika, *Delosperma cooperi* (siehe auch S. 44).

Oben rechts: Ende Mai sind die hellgrünen Polster mit Blüten geradezu überschüttet: *Delosperma nubigenum* (auch als *D. lineare* bekannt, siehe S. 44), eine noch wenig verbreitete, winterharte Mittagsblume aus dem Süden Afrikas.

Unten: Ungewöhnlich reizvoll sind Steingärten, die mit bepflanzten »Kalkknollen« dekoriert werden. In die Auswaschungen wurden farblich abgestimmte Hauswurzen (rechts) oder Semperviven gepflanzt. Daneben das blühende Polster von *Sedum kamtschaticum* var. *ellacombianum*.

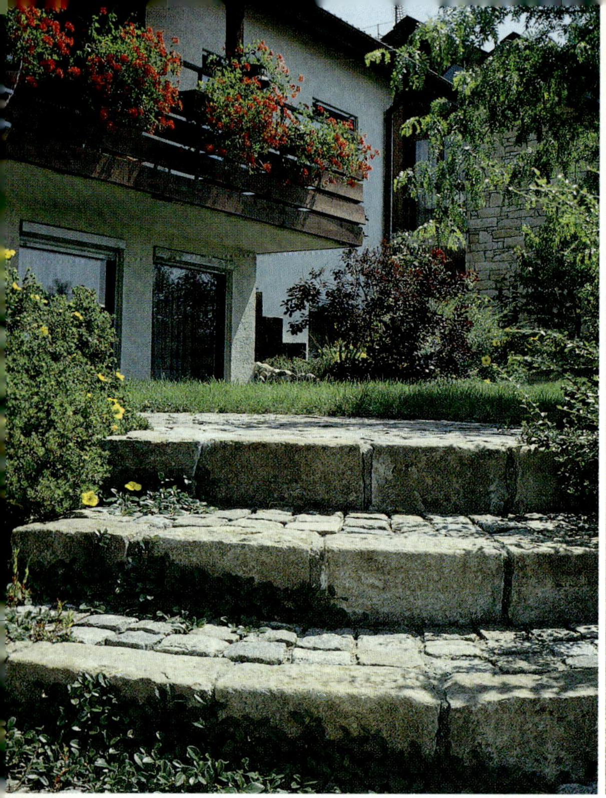
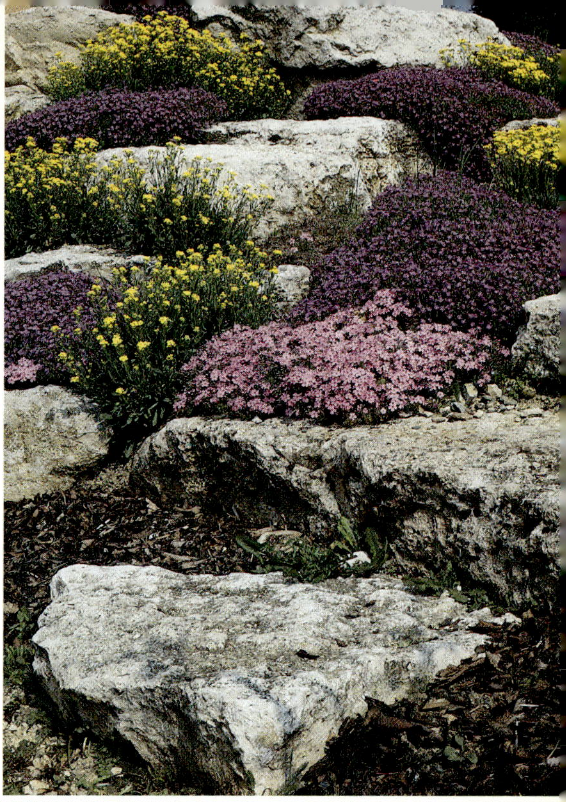
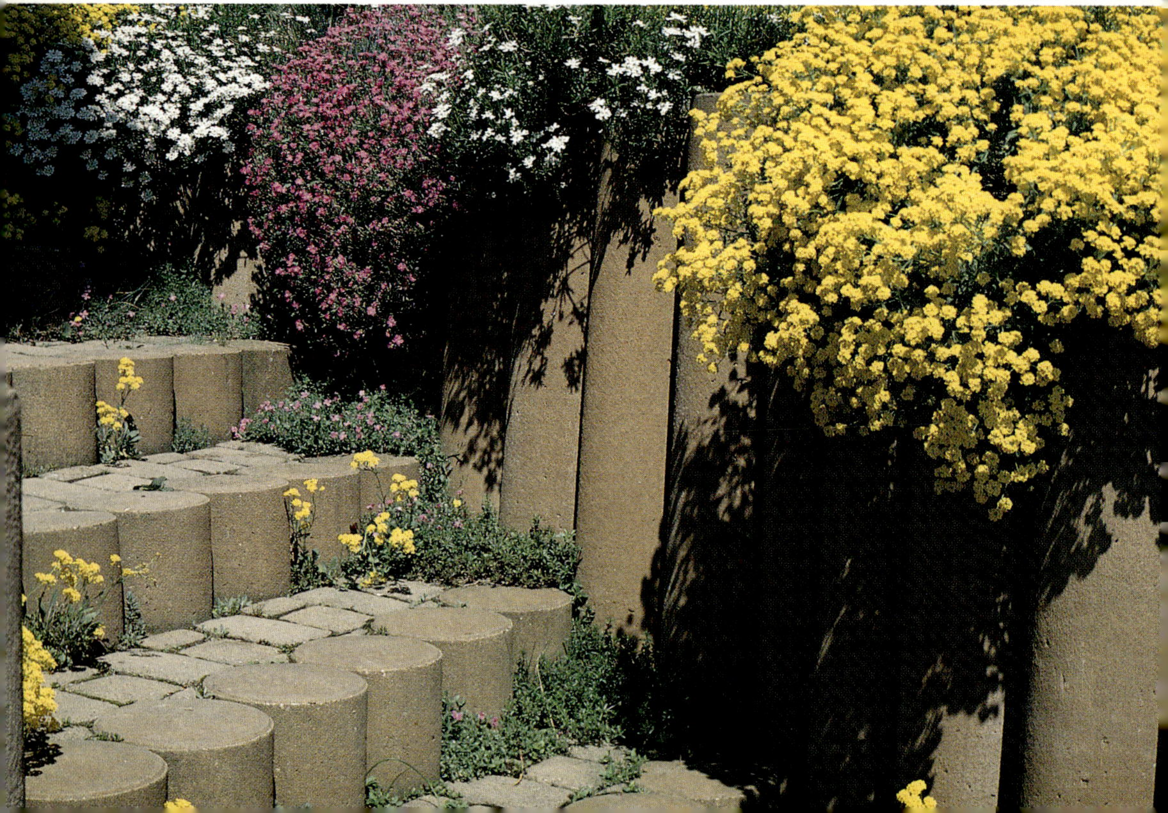

Als beste Pflanzzeit gelten, auch für noch unbewurzelte Triebstecklinge, die Monate März bis Mai. Eine Pflanzerde sollte zu je $\frac{1}{3}$ aus Gartenerde, Rindenkompost und Lehm bestehen, dazu je Liter Erde einen gestrichenen Eßlöffel Peru-Guano. Das Ganze, leicht angefeuchtet und in die Fugen gedrückt, sorgt für einen guten Start. Die Pflanzen wurzeln darin leicht an und zeigen bereits nach kurzer Zeit kräftigen Neutrieb und erste Blüten. Achtung: Gießen nicht vergessen!

Als Fugenfüller für sonnig-warme Standorte eignen sich z. B. sehr gut sogenannte Lebenskünstler wie alle europäischen und asiatischen *Sedum*-Arten und farbige Semperviven. Vor der Mauer bleibt ein schmaler Pflanzstreifen, der Flächenpflanzungen von Stauden und Gräsern aufnehmen kann. Die Mauerkrone ist den schönsten Polsterstauden und Freilandsukkulenten vorbehalten, nach Größe, Wuchsform und Farbe abgestimmt. Dazu gesellen sich, je nach Platzangebot, passende Schmuckstauden, Kleingehölze und Ziergräser. Schöne Steine, verschieden groß und zum Mauergestein passend, dekorieren die Pflanzung. Sie dienen wie überall im Hanggarten als Wärme- und Feuchtigkeitsregulatoren.

Stufenweise Trockenmauern – der Terrassengarten

Der Terrassengarten ist eine weitere Möglichkeit zur naturnahen Gestaltung steiler Hangpartien. Das Prinzip des Mauerbaus gleicht dem der Trockenmauer, nur werden hier kleinere Mäuerchen mit ausreichend Zwischenraum, möglichst nicht unter drei Metern, hintereinander gesetzt. Auch diese Anlage sollte möglichst durch Wege erschlossen werden. Denn was nützen derartige Kleinterrassen am Hang, wenn nicht jede Stelle erreichbar ist: zum Pflanzen, zum Pflegen, aber auch um der zauberhaften, der eigenen Welt dieses Gartens ganz nahe zu sein.

Oben links: Einladend wirkt dieser Weg zum Haus mit einer Treppe aus Natursteinblöcken und Pflastersteinen. Seitlich gepflanzte Kleingehölze erleichtern den Übergang zum Garten.

Oben rechts: Großzügig angelegter Steingarten mit Polsterstaudenbepflanzung, z. B. Blaukissen, Steinkraut und Teppichphlox. Im Vordergrund: Rindenmulch dient zum Schutz der Erde und läßt kein Unkraut aufkommen.

Unten: Diese Treppe zum Haus wurde mit Rund-Farbpalisaden gestaltet. Harmonisch fügt sich der braun durchgefärbte Beton in seine Umgebung ein (Hersteller: Betonwerke Munderkingen GmbH, 7932 Munderkingen, siehe auch S. 23).

Treppen erschließen den Hang

Ein Garten am Hang ohne Treppen und Wege ist ein verlorener Garten. So könnte man mit wenigen Worten ein nicht erschlossenes Hanggrundstück

bezeichnen. Treppen und die sie verbindenden Wege sind deshalb ein wesentliches Element der Hanggestaltung. Abgesehen von ihrer Aufgabenstellung, Höhenunterschiede auf möglichst kurzem Wege harmonisch zu überwinden, üben sie einen Einfluß auf die optische Erscheinung des Gartens aus.

Beispiel für die Anlage und Bepflanzung eines Terrassengartens. Typisch für ihn sind die stufenweise angeordneten Mauern, hier als Trockenmauern angelegt, die mit ihren zahlreichen Pflanzen größtmögliche Naturnähe vermitteln. ① *Papaver nudicaule* (Islandmohn), ② *Poa glauca* (Rispengras), ③ *Sempervivum calcareum* (Hauswurz), ④ *Saxifraga cotyledon* 'Pyramidalis' (Steinbrech), ⑤ *Sedum acre* (Mauerpfeffer), ⑥ *Iberis saxatilis* (Schleifenblume), ⑦ *Helictrotrichon* (syn. *Avena*) *sempervirens* (Blaustrahlhafer), ⑧ *Sedum kamtschaticum* (Kamtschatka-Sedum), ⑨ *Sempervivum* 'Commander Hay' (Hauswurz), ⑩ *Matricaria caucasica* (Teppichkamille), ⑪ *Saponaria x olivana* (Seifenkraut), ⑫ *Buddleja crispa* 'Farreri' (Sommerflieder), ⑬ *Saxifraga aizoon* (Steinbrech), ⑭ *Arabis caucasica* (Gänsekresse), ⑮ *Cymbalaria muralis* (syn. *Linaria cymbalaria*, Zimbelkraut) und ⑯ *Eriophyllum lanatum* (Wüstengoldaster).

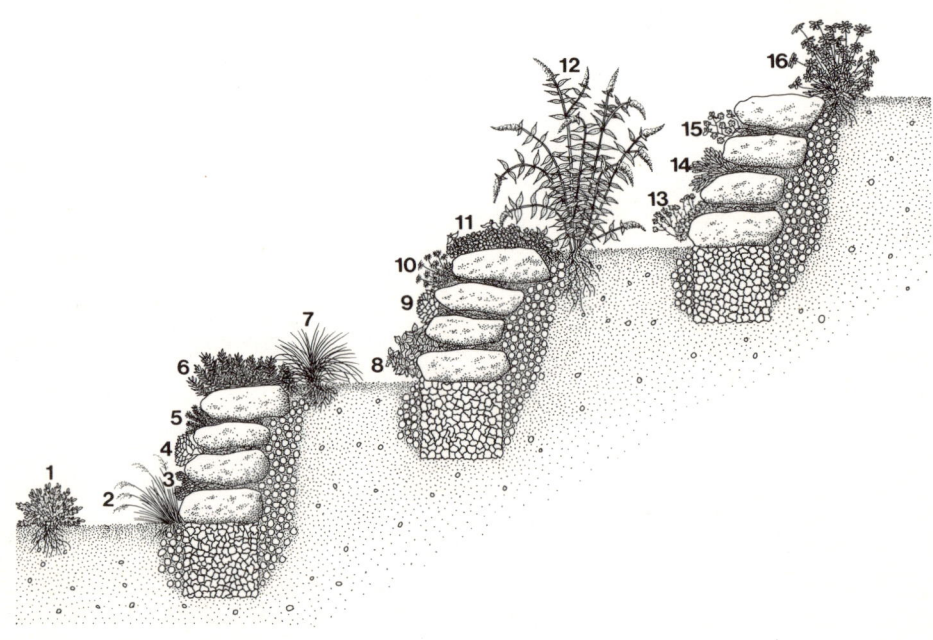

Während steile Wege bei Nässe nur mühevoll und unter Gefahren zu begehen sind, erschließt eine Treppe den Hanggarten auf bequeme und ungefährliche Weise. Grundsätzlich geht man davon aus, daß dann eine Treppe benötigt wird, wenn der Höhenunterschied eines Gartenweges mehr als acht Prozent beträgt. Naheliegend ist der Vorteil einer jeden Treppe: Auf kürzester Entfernung können Steigungen und Gefälle überwunden werden, Gartenwege können nachfolgend fast eben weiterführen.

Ein wenig Treppenkunde

Der Fachmann mißt Höhenunterschiede mit dem Nivelliergerät. Wer sich selbst an den Bau einer Treppe heranwagt, wird meist mit der Dachlatte und der Wasserwaage arbeiten. Dazu ist wichtig zu wissen, daß eine durchschnittliche Schrittlänge etwa 64 cm beträgt. Daraus ergibt sich folgende Faustformel für den Treppenbau: zweifache Stufenhohe + Auftrittsbreite =

Fahrstufen sind dort angebracht, wo mit fahrbaren Mülltonnen, Fahrrädern, Hand- und Kinderwagen Höhenunterschiede zu überwinden sind. Im Baustoffhandel sind verschiedene Fertigelemente erhältlich, die im allgemeinen aus einer Antrittsplatte ①, den Stufenelementen ② und einer Abschlußplatte bestehen. Deutlich sind die Elemente zu erkennen, aus denen die Fahrstufen zusammengebaut werden. Die übliche Breite beträgt einen Meter. Herstellerverzeichnis von der Beratungsstelle Beton-Bauteile, Postfach 18 02 50, 5300 Bonn 1.

64 cm (Beispiel: 2 x 17 cm + 30 cm = 64 cm).

Treppen im Garten sollten möglichst nieder und breit gelagert sein. Dies erleichtert das Begehen. Die Höhen der einzelnen Stufen und die Auftrittsbreite (= Tiefe der waagrechten Stufenoberfläche) müssen im richtigen Maßverhältnis zueinander stehen. Denn mit jedem Tritt werden zwei Stufenhöhen und eine Auftrittsbreite überwunden. Vielfach wird im Freien eine Stufenhöhe von 12 bis 16 cm empfohlen. Treppen im

Haus haben im allgemeinen Stufenhöhen von 17 bis 18 cm. Man neigt deshalb dazu, diese Maße auch auf den Garten zu übertragen. Dies ist sinnvoll, weil dadurch die gewohnte Schritthöhe beibehalten werden kann, also Gefahren durch Stolpern verringert werden.

Auf Rutschsicherheit achten

Die Oberflächen der Stufen sollten auch bei feuchter Witterung ausreichend griffig sein. Materialien aus Holz oder Sandstein zeigen je nach Verarbeitung oft erhebliche Nachteile. Bei manchen Natursteinen besteht außerdem die Gefahr, daß sie abbröckeln. Ein weiterer wichtiger Punkt ist die Frostsicherheit. Dies gilt besonders für alle Weichgesteine wie Muschelkalk, Travertin und Kalkschiefer. Problemlos sind gesägte oder gespaltene Stufen aus Hartgesteinen, so aus Granit, Gneis, Porphyr und Basalt. Auch Beton und die daraus hergestellten Verbundsteine sind gut zu begehen. Strukturbetonerzeugnisse sollten jedoch möglichst vermieden werden. Man denke hierbei an das Aufkommen von Algen, Flechten und Moosen und die damit notwendige Oberflächenreinigung der Stufen.

Die wichtigsten Stufenarten

Blockstufen werden in einem Stück verlegt. Durch die jeweiligen Einzelmaße (Höhe und Auftrittsbreite) ist die Steigung der Treppe vorgegeben. Für schwerste, einteilige Blockstufen ist ein Fundament erforderlich. Bei kleinen Treppen und gewachsenem Untergrund reicht Mineralboden aus, bei längeren Treppen oder aufgefülltem Untergrund ist eine Betonunterlage unerläßlich.

Winkelstufen werden als Fertigteile und in verschiedenen Oberflächenverarbeitungen und Maßen angeboten. Die Stufen sind auf ein mindestens drei Zentimeter starkes Mörtelbett zu verlegen. Man sollte unbedingt ein Entwässerungsgefälle vorsehen (je Stufe 1 cm Längsgefälle).

Legstufen sind zweiteilig. Sie bestehen aus dem Stoßtritt (Unterlage) und der darüberliegenden Auftrittsplatte. Bei Natursteinlegstufen ist die Auftrittsfläche meist gesägt und die Vorderkante bossiert, d. h. behauen. Dadurch entsteht eine gut begehbare Treppe mit natürlichem Charakter.

Stellstufen bestehen aus einer Stellplatte und dem dahinter anschließenden Belag. Meist finden vorgefertigte Betonkantensteine, auch Stellplatten oder Rabattenplatten genannt, Verwendung. Für die Langlebigkeit einer derartig gestalteten Treppe sorgt unter dem Antritt (= unterste Stufe) ein 30–40 cm starkes Fundament aus Magerbeton. Nach dem Abbinden der jeweiligen Unterbauten werden die verbleibenden Flächen zwischen den Kantensteinen mit Kies gefüllt. Darauf kommt feiner Splitt, der sogenannte Feuersand, in die Pflastersteine aus Granit, Porphyr, Beton o. ä. mit einem Gummihammer eingeklopft werden. Abschließend sind vorhandene Fugen zu schließen, d. h., Feuersand wird mit dem Besen eingekehrt.

Rechts:
Rabattensteine ① gewährleisten optimale Abschlüsse auch beim Treppenbau. Sie verhindern bei labilem Unterbau das Auswandern oder Ausbrechen von Steinen des Belags. Zur Belegung der Zwischenräume finden Rundpflaster ② Verwendung. Im allgemeinen können die Steine auf 5 cm Sand und darunter 20 – 30 cm hoch eingebrachtem Kies aufgesetzt werden. Bei schwierigem Untergrund lohnt ein Fundament aus Magerbeton. System Rondo (Betonwerk Munderkingen GmbH, 7932 Munderkingen; Herstellerhinweise beachten!).

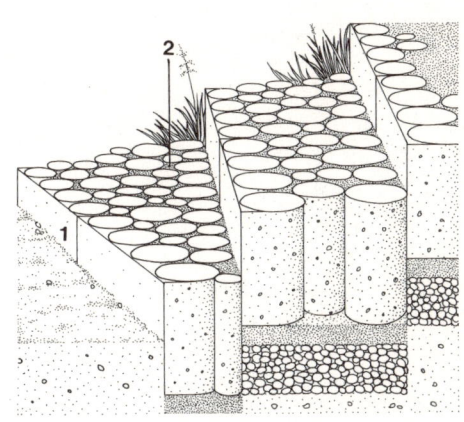

In naturnahen Gärten sind eingeschlagene Holzpfähle oder in Magerbeton gesetzte Palisaden weitere Möglichkeiten einer guten Treppengestaltung.

Industriell vorgefertigte Treppenteile sollen nicht vergessen werden. Sie sind durchweg langlebig und wartungsfrei. Nach dem Erbringen einiger Vorleistungen wie Aushub, Einbringen von Magerbeton usw. ist die Verlegung einfach. Erwähnenswert sind u. a. U-Steine, die sich problemlos zu kleineren Treppen gestalten lassen. Auch farblich abgestimmte Betonpalisaden können individuell auf ihre Umgebung abgestimmt werden. Gerade sie setzen mit ihren Formen und naturnahen Farben wertvolle Akzente im modernen Treppenbau.

Wege und Trittplatten

Es gibt viele Möglichkeiten, den Hang zu erschließen. Außer Treppen sind es vor allem Wege, die aufwendig, jedoch

Unten:
Einfache Treppe aus Rundhölzern. Hinter den in die Erde getriebenen Hölzern ④ werden jeweils bis zur Erreichung der Stufenhöhe weitere Hölzer ③ quer angelegt. Als Treppenbelag dient etwa 5 cm Feinkies ②, während im unteren Bereich etwa 15 cm Kies ①, Schlacke o. ä. das Regenwasser schnell absickern läßt.

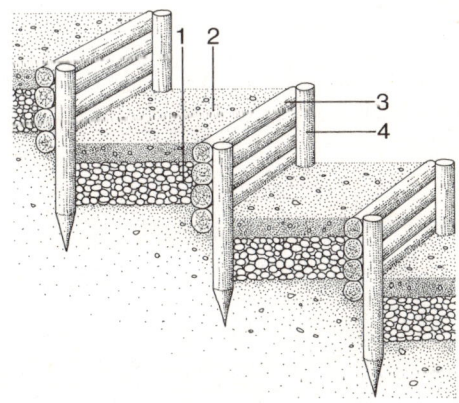

auch mit bescheidenen Mitteln angelegt werden können. Wie beim Kapitel Treppen (siehe Seite 19 ff.) erwähnt, kann jeder Weg aus den dort beschriebenen Materialien bestehen. Grundsätzlich ist zu unterscheiden, ob Bereiche des Gartens am Hang öfters genutzt, z. B. als Sitzplatz, oder nur selten zu Pflegearbeiten begangen werden müssen. Als erweiterte Wohnräume benutzte Terrassen benötigen einen stabilen Unterbau, um über Jahre hinweg Freude zu bereiten. Auch für die Auswahl des Belags wird man dort einige Sorgfalt verwenden. Anders bei Nebenwegen. Mit Splitt oder Rinde belegte Wege zeigen Naturnähe und lassen der

Trittplatten ①, d. h. gut begehbare und auf Schrittabstand eingegrabene, oben flache Natursteine, bringen Abwechslung in diese pflegeleichte, jedoch abwechslungsreich mit Stauden, Rosen und Ziergehölzen gestaltete Hangpartie. Dominierend sind jedoch die Pflanzen, die sich zwischen Frühling und Sommer, etwa Ende Juni, im Schmucke zahlreicher Blüten zeigen: ② *Spiraea x bumalda* 'Anthony Waterer' (Spierstrauch), ③ *Dianthus plumarius* (Federnelke), ④ *Sedum spurium* 'Schorbuser Blut' (Teppich-Sedum), ⑤ *Cytisus purpureus* (Ginster), ⑥ *Doronicum orientale* 'Riedels Lichtspiegel' (Gemswurz), ⑦ *Rosa* 'Angela' (Strauchrose), ⑧ *Hemerocallis* 'Hyperon' (Taglilie), ⑨ *Cotoneaster salicifolius* 'Parkteppich' (Zwergmispel) und ⑩ *Buddleja alternifolia* (Sommerflieder).

Verbreitung vieler Pflanzen echte Chancen. Es geht nur darum, derartige Bereiche durch gezielten Pflegeeinsatz einigermaßen begehbar zu halten.

Eine Alternative zu dem Vorgenannten sind Beläge mit Pflastersteinen oder Wacken, die einfach in ein Sandbett eingeschlagen werden. In den zahlreichen Fugen werden innerhalb kürzester Zeit zahlreiche Pflanzenkinder zu finden sein. Denn hier setzen sich Samen fest, keimen und wachsen recht schnell zu begehrten Jungpflanzen heran, die im

Garten am Hang ihren Platz finden können.

Immer wieder wird gefragt, wie wohl die Bereiche begehbar sind, die außerhalb von Wegen und Treppen liegen. Bewährt hat sich hier die Integration von größeren, flachen Steinen oder Platten, die man auf Schrittlänge in die Hangpartie eingraben sollte. Sie dienen als Trittplatte. Damit lassen sich auch Stellen erreichen, die nur selten, z. B. für erforderliche Pflegearbeiten, erreicht werden müssen.

Teiche in Hanglage

Wissenswertes

Am Anfang aller Überlegungen, ob Wasser den Garten am Hang beleben soll, steht die Frage nach dem zur Verfügung stehenden Platz. Hanggärten, die nicht terrassenförmig angelegt sind, bieten kaum eine Möglichkeit, ausreichend große Wasseransammlungen aufzunehmen. Auch frisch aufgeschüttetes Gelände ist für den Standort eines Gartenteichs völlig ungeeignet. Denn, und dies leuchtet ein, das Erdreich wird sich unter dem Druck des Wassers über Monate und schlimmstenfalls Jahre absenken. Und da gerät jeder Gartenteich aus den Fugen.

Doch da, wo gewachsene Erde terras-

siert wurde, sind beste Voraussetzungen für den Teichbau. Ob nun die Entscheidung auf einen einfachen Zierteich mit Springbrunnen oder noch besser auf einen naturnah angelegten Teich mit einer üppigen Pflanzenwelt fällt, sie hat in jedem Fall Auswirkungen auf den besten Standort, die richtige Größe und optimale Wassertiefe.

Üppiges Pflanzenwachstum im und um den Teich setzt eine tägliche Sonnenscheindauer von mindestens vier bis sechs Stunden voraus. Bäume und Sträucher sollten möglichst, wegen nachteiliger Schattenbildung und Laubfall, in einiger Entfernung stehen. Sicher müssen auch Wege zum Wasser führen. Schrittplatten aus Naturstein,

in Sand gebettete Pflastersteine oder Wacken sind hübsch, weil sie sich harmonisch in ihr Umfeld eingliedern. Irgendwo sollte der Teich eine Stelle haben, an der eine Sitzmöglichkeit zum Verweilen einlädt. Von dort läßt sich dann das bunte Treiben im und am Wasser beobachten. Größe und Tiefe eines Teichs werden vom Verwendungszweck bestimmt. Kleine Teiche erwärmen sich vor allem in exponierten Südlagen sehr schnell. Wasserpflanzen mögen dies, doch Fische leiden darunter. Je mehr Pflanzen eingesetzt werden sollen, um so größer muß die zur Verfügung stehende Wasserfläche sein. Allerdings: Der Teich darf den Garten am Hang nicht beherrschen, er sollte harmonisch eingefügt werden und einen natürlichen Übergang zu seiner Umgebung bilden. Eine Mindestgröße von zehn Quadratmetern Wasserfläche sollte man in jedem Fall einplanen. Denn bereits eine einzige, normalwüchsige Seerose bevölkert bereits nach vier Jahren zwei Quadratmeter Wasserfläche. Und die Tiefe? Wasserpflanzen kommen – je nach Art – in der Regel mit 10 bis 60 cm aus. Sollen jedoch Fische und andere Tiere den Teich beleben, wird man eine Tiefe von 60 bis 100 cm – je nach Klima – wählen müssen, um den Gartenteich winterfest zu machen. Er friert dann nicht durch.

Die Entscheidung, aus welchen Materialien der Teich gebaut werden soll, fällt heute eindeutig auf schwarze bzw. grüne Teichfolien, die, je nach Hersteller von 0,5 bis 2 mm stark, die Generation der aufwendigen Betonkonstruktionen weitgehend abgelöst haben. Ein untergelegtes Vlies schützt die Folie vor Beschädigungen durch Wurzeln und Steine.

Der Bau eines Gartenteiches kann hier nicht beschrieben werden, da das den Rahmen des Buches sprengen würde. Gute Fachliteratur gibt es im Buchhandel.

Pflanzen am Teich

Der Natur am nächsten kommende Feuchtbiotope werden immer dort erreicht, wo die Vegetation, doch auch Dekorationselemente, z. B. Steine, in den Teich übergehen. Abwechslung ist gefragt. Deshalb müssen bereits bei der Anlage des Teiches durch verschieden tiefe Pflanzebenen die natürlichen Voraussetzungen geschaffen werden. Integriert werden sollte in jedem Fall eine Seichtwasserzone (Flachwasserzone) und eine Teichrandzone (Sumpfzone). Die größte Pflanzenvielfalt findet sich im Rand- und Sumpfbereich.

Plätscherndes Wasser

Geradezu verlockend ist der Gedanke, ein plätscherndes Bächlein in den Garten am Hang zu integrieren. Was früher problematisch war, gelingt heute mit Teichfolie, vorausgesetzt, es steht eine Pumpe zur Verfügung, die für den erforderlichen Umlauf sorgt. Im Handel gibt es Solarpumpen, die ohne weitere Kosten das Wasser nach oben bringen.

Kulturarbeiten

Den Boden vorbereiten

Neben dem örtlichen Klima und der Himmelsrichtung sind es jedoch vor allem die Kenntnisse über die Bodenverhältnisse, die das Gärtnern am Hang entscheidend beeinflussen. Bevor deshalb mit der Bepflanzung des Hanggartens begonnen wird, sollte, sofern die Qualität des Bodens nicht bereits bekannt ist oder augenfällig erkannt werden kann, eine Bodenanalyse durchgeführt werden. Dadurch erfährt man mehr über das Stück Garten, in welchem die Voraussetzungen für das gute Wachstum schönster Pflanzen geschaffen werden sollen. Dabei ist die Bodenpflege gerade für den Hanggärtner eine wichtige Aufgabe. Denn nur dort, wo die Erde rechtzeitig aktiviert und gepflegt wird, fühlen sich Pflanzen wohl. Der Boden am Hang dient ihnen nicht nur als Standort, sondern muß auch Wasser und Nährstoffe bieten und eine Struktur aufweisen, die ein gesundes Wurzelwachstum ermöglicht.

Die wichtigsten Bodenarten

Man unterscheidet – ganz grob – schwere und leichte Böden. Schwer sind vor allem Böden aus Ton und Lehm. Sie sind in trockenen Jahren für die Pflanze besser als leichte Böden, da sie das Wasser halten und ein gutes Speichervermögen für Nährstoffe besitzen. Von Nachteil ist, daß sie sich im Frühjahr nicht so schnell erwärmen. Hohe Niederschläge führen außerdem zur Verschlemmung. Durch laufende Humusgaben können diese Böden verbessert werden. Kompost wäre ein wichtiger Humuslieferant für den neu anzulegenden Hanggarten. Zur besseren Durchlüftung können schwere Böden mit grobem Flußsand und Rindenhumus, im Verhältnis 1:1 gemischt und in die oberste Bodenschicht eingearbeitet, entscheidend verbessert werden.

Leichte Böden, vor allem mit hohem Sandanteil, haben im allgemeinen den Vorteil, daß sie gut zu bearbeiten sind. Sie erwärmen sich schnell. Dies ist vor allem für den Hanggärtner von großem Vorteil, der auch einige Nutzpflanzen ziehen will. Man kann weitaus früher pflanzen und ernten. Ein Nachteil von leichten Böden ist ihr geringes Speichervermögen für Wasser und Nährstoffe, was sich gerade bei unserem Garten am Hang auswirkt. Dünger und Humusgaben müssen in kürzeren Abständen und jeweils in kleineren Gaben eingesetzt werden. Bei Trockenheit ist vermehrtes Wässern erforderlich.

Geheimtip: Gründüngungspflanzen

Als Grundvoraussetzung für den neu anzulegenden Garten am Hang gilt, daß

27

es innerhalb kürzester Zeit gelingt, mit Hilfe von organischen Substanzen die sogenannte Bodengare zu erreichen. Dies ist der Zeitpunkt, wo sich in der obersten Erdschicht Mikroorganismen und Regenwürmer ansiedeln und ihre Tätigkeit aufnehmen. Bereits in der Vorbereitungsphase für die Anlage des Gartens am Hang sollte man deshalb den Boden nicht brachliegen lassen. Hier lohnt die Einsaat von Gründüngungspflanzen. Empfehlenswert sind vor allem Leguminosen (Schmetterlingsblütler), da diese als sogenannte Stickstoffsammler dem Boden gleichzeitig Stickstoff zuführen. Auf leichten Böden bevorzugt man die Einsaat von Lupinen oder Serradella, bei schweren Böden Futtererbsen und Wicken. Durch den dichten Pflanzenbewuchs wird der Boden beschattet, und es kommt zu der erwünschten Bodengare. Ein weiterer Vorteil ist, daß das Aufkommen von Unkräutern weitestgehend verhindert wird. Durch oberflächliches Einarbeiten der zerkleinerten grünen Blattmasse vor der Samenbildung wird dem Boden wertvoller Humus zugeführt.

Mulchen – gerade am Hang

Nichts wäre der Erde im Garten am Hang abträglicher, als ständig ungeschützt dem Regen, der Sonne und dem Wind ausgesetzt zu sein. Ein Blick in unsere Natur beweist, daß es – von Felsen und Wüsten abgesehen – nirgendwo unbedeckten Boden gibt. Auch nach schweren Eingriffen, z. B. bei Rodungen

und Kiesabbau, siedeln sich innerhalb kürzester Zeit auf offensichtlich totem Boden sogenannte Ruderalpflanzen, also erste Pionierpflanzen an.

Eine ähnliche Aufgabe erfüllen die auf die Erde ausgebreiteten organischen Stoffe. Sie schützen vor übermäßiger Verdunstung, zu hohen Temperaturen, unerwünschtem Bewuchs und Erosion. Dieses Bedecken des Bodens nennt man in der Gärtnersprache Mulchen. Materialien dafür gibt es genug: leicht angewelkte Rasenmahd, Stroh, Schilf, Laub, Gartenabfälle, wobei Stengel und Zweige möglichst gehäckselt werden sollten. Auch Rindenmulch hat sich bewährt. Man achte darauf, daß die Auflageschicht bei Rasenmahd nur etwa 2–3 cm und bei anderen Materialien nicht höher als 8 cm ist. Gleich nach dem Aufbringen beginnen Bodenorganismen damit, die Mulchschicht abzubauen. Auch Regenwürmer und zahlreiche Insekten fallen über diese willkommene Nahrung her, es entsteht wertvoller Humus. Bei diesen Prozessen wird Wärme frei, was sich gerade im Frühjahr und Herbst und außerdem bei Neuanlagen vorteilhaft auf die Pflanzen auswirkt.

Und noch etwas: Gemulchte Böden leiden nicht unter einem Platzregen und der sich daraus entwickelnden Verschlämmung, d. h. mangelnder Sauerstoffversorgung. Auftreffende Regentropfen fallen auf gemulchten Böden sanft auf, die Feuchtigkeit sickert langsam durch, verteilt sich gleichmäßig und trägt gleichzeitig die bei der Zersetzung entstehenden pflanzenverfügba-

ren Nährstoffe zu den Wurzeln. Der Boden bleibt außerdem locker, und das mühsame Bearbeiten der Hangerde mit Hacke, Grabgabel, Sauzahn o. ä. entfällt. Überhaupt haben in einem derartig bedeckt gehaltenen Boden die ohnehin nur selten aufgehenden Unkräuter keine Chance. Sie lassen sich aus der weichen Erde mühelos herausziehen.

Pflanzung Schritt für Schritt

Zwischen dem Gartenplan und den ersten Pflanzen, welche der mehr oder weniger guten Erde eines Gartens am Hang entwachsen, liegt oft ein langer Weg. Neben vielfach fehlenden Grundkenntnissen, die unwillkürlich die Eigeninitiative bremsen, ist nicht auch zuletzt die stark strapazierte Geldbörse die Begründung, warum sich gerade Gartenneulinge nur ungern an die Ausschmückung ihres Hanggartens heranwagen. Dazu kommt, daß oft Fahrzeuge und Maschinen, die zum Bau des Hauses und zur Grundplanie des Gartens eingesetzt waren, das Gelände stark in Mitleidenschaft gezogen haben. Hier sollte man tiefgründig lockern. Auch wenn dann auf diesem Untergrund die hoffentlich vor dem Bauen sorgfältig beiseite gelagerte Muttererde (die oberen 20–30 cm Boden) aufgebracht wird, ist dies noch längst nicht die Basis für baldiges Grünen und Blühen.

Denn nicht jede Pflanze wächst gleich zu Anfang gut in dieser noch »jungen Gartenerde«. Zudem heißt es, Standort-

anspüche und klimatische Voraussetzungen zu erfüllen. Als beste Pflanzzeiten gelten die Frühjahrs- und Herbstmonate. Doch auch zur Sommerszeit sind Neuanlagen, sofern ausreichend Wasser zur Verfügung steht, kein Problem mehr. Dafür sorgen Containerpflanzen, die in unendlicher Fülle nahezu alle Wünsche erfüllen können.

In drei Jahren ein kleines Paradies

Viele neue Gartenbesitzer träumen davon, möglichst schnell zu einer perfekten Anlage zu kommen. Dies bedeutet, daß man zu Anfang sehr dicht pflanzt und dabei natürlich einiges mehr an Geld ausgeben muß. Doch bereits zwei Jahre später wird ein solcher Garten zum Urwald. Die Pflanzen nehmen sich gegenseitig Luft, Licht und Sonne weg, es muß wieder gerodet werden. Versierte Hanggärtner sprechen deshalb von einem »Dreijahresplan«. In drei Jahren also kann sich eine trostlose Erde-Landschaft zu einem beneidenswerten Garten mausern.

Mit Weitblick pflanzen

Nach der Rohplanie und dem Aufsammeln größerer Steine wird die Erde gut vorbereitet. Entscheidend dafür sind die Art des Bodens und die vorhandenen Nährstoffe. Unerläßlich ist meist eine Grunddüngung mit organischen Düngern (80–100 g/m²). Der Dünger wird aufgestreut und anschließend flach eingearbeitet. Die so vorbereitete Erde sollte man dann möglichst 10 bis

Pflanzenauswahl

14 Tage ruhen lassen. Erst nach dieser Zeit wird bepflanzt. Wichtig ist, daß die vorgesehenen Pflanzen anspruchslos sind (siehe auch »Pioniere im Hanggarten«, Seite 30 ff.) und bereits in wenigen Wochen das erste Grün zaubern. Wildsträucher und Kiefernarten erfüllen im allgemeinen diese Voraussetzungen. Dazu lassen sich vielgestaltige Kleinsträucher wie Felsenmispel, Fingerstrauch, Ginster und verschiedene Wildrosen verwenden. Kletterpflanzen, voran die Anemonen-Waldrebe, der Wilde Wein mit farbenprächtiger Herbstfärbung und der schnellwüchsige Knöterich, sorgen für üppiges Grün an Mauern und an der neu erstellten Pergola. Dazwischen kriecht oder rankt die Kapuzinerkresse. Mit ihr bringen breitwürfig gesäte Einjahrsblumen wie Studentenblumen, Kalifornischer Mohn und Ringelblumen leuchtende Farben. Anspruchslose Stauden und Blumenzwiebeln runden zusammen mit Gräsern die Erstbepflanzung ab. Selbstverständlich kann auf den Terrassen gleich ein Rasen oder eine Blumenwiese angelegt werden. Es lohnt sich, Rasen- oder Blumenwiesensamen individuell auf die eigenen Erfordernisse, z.B. Bodenart, Lage, Klima, abstimmen zu lassen. Das zweite Jahr ist eigentlich das große Pflanzjahr für alles, was dem Garten Form und Farbe zu geben hat. Anspruchsvollere Sträucher und überhaupt das Riesensortiment der Stauden, Blumenzwiebeln und Knollen und der schönsten Rosen kann jetzt seinen Einzug halten. Auch der kleine Nutzgarten bekommt nun seinen letzten Schliff. Im dritten Jahr wird dann korrigiert. Alles, was bisher gut wuchs und blühte, bleibt an seinem damals zugestandenen Platz. Leicht lassen sich jetzt noch irgendwelche Pflanzenschönheiten dazugesellen. Jeder, der sich die Mühe machte, seinen Garten am Hang selbst zu bepflanzen, wird von Jahr zu Jahr mehr Freude an schönen Pflanzen gewinnen. Spezialgärtnereien, z.B. für Stauden und Rosen, können heute auch ausgefallenste Wünsche erfüllen.

Welche Pflanzen für meinen Hang?

Pioniere im Hanggarten

Wer recht bald einen grünenden und blühenden Garten am Hang besitzen möchte, sollte die Erstbepflanzung mit sogenannten Pionierpflanzen vornehmen. Wie draußen in der freien Natur, wo die als Ruderalvegetation bekannten Pflanzen systematisch karge und unwirtliche Flächen zurückerobern, so

gibt es auch für den Garten am Hang Gewächse, die mit ihrem Wurzelwerk und sonstigen Eigenschaften den Hang sehr bald zu einem kleinen Paradies werden lassen.

Geeignet für den Anfang sind zahlreiche Einjahrsblumen, Stauden, viele Gräser, nahezu alle Ziergehölze und Wildsträucher, Kiefernarten und Rosen, wie teilweise an anderer Stelle genannt.

Pioniere – eine Auswahl (siehe auch »Die schönsten Bodendecker«, Seite 49 ff.)

Botanischer Name Deutscher Name	Wuchshöhe in cm	Blütezeit Monat(e)	Bemerkungen
Achillea filipendulina 'Coronation Gold' Schafgarbe	60 – 80	VI – IX	*** wertvoller Dauerblüher
Alyssum saxatile 'Plenum' Steinkraut (siehe Foto S. 35)	25	V	Massenblüher, auch Selbstaussaat
Anemone japonica 'Honorine Jobert' Herbstanemone	80	VIII – X	*** nicht für extrem heiße Standorte
Aquilegia-Vulgaris- Hybriden Akelei	60	V – VI	auch für lichten Schatten
Aster amellus 'Sternkugel' Sommeraster	50	VII – IX	*** reichblühend
Aster dumosus 'Professor Kippenberg' Herbstaster	35	IX – X	*** stark wüchsig, reichblühend
Aster novae-angliae in Sorten Rauhblattastern	bis 150	IX – X	für nicht zu trockene Standorte
Aubrieta-Hybriden Blaukissen	10	IV – V	auch für Trockenmauern

Pflanzenauswahl

Botanischer Name Deutscher Name	Wuchshöhe in cm	Blütezeit Monat(e)	Bemerkungen
Bergenia-Hybriden Bergenien	bis 50	III – V	immergrün
Centranthus ruber 'Coccineus' und 'Albus' Spornblumen	80	VI – IX	wertvoller Langblüher
Dianthus gratiano- *politanus* in Sorten Pfingstnelke	bis 20	V – VI	verlangen volle Sonne
D. carthusianorum Karthäusernelke	40	VI – IX	verlangen volle Sonne
Gypsophila alle Arten und Sorten Schleierkraut	bis 100	V – IX	lange Blütezeit, wertvolle Schnittblume
Helianthemum-Hybriden Sonnenröschen	bis 25	VI – VIII	nur für sonnige Lagen
Hemerocallis in Sorten Taglilie	bis 100	VI – IX	dekorativ auch ohne Blüten
Heuchera in Sorten Purpurglöckchen	bis 70	VI – VIII	tief pflanzen, immergrün
Iris germanica in Sorten Bartiris	bis 100	V – VI	unverwüstlich, jede Sorte mit anderem Duft
Iris orientalis 'Gigantea' Steppeniris	bis 100	VI	dekorativ, auch für feuchte Standorte
Iris sibirica in Sorten Sibirische Iris	bis 100	V – VI	anspruchslos, viele blütenschöne Züchtungen
Lupinus in Sorten Lupinen	bis 90	V – VII	neuere Sorten sind farbenprächtige Blüher
Lysimachia punctata Goldfelberich	90	VI – VIII	gut zum Verwildern

Pioniere

Botanischer Name Deutscher Name	Wuchshöhe in cm	Blütezeit Monat(e)	Bemerkungen
Paeonia in Sorten Pfingstrosen	bis 120	V – VI	teilweise duftend, alte Pflanzen reichblühend
Physalis alkekengi var. *franchetii* Lampionblume (siehe Foto S. 36)	60	VII – IX	wuchernd, auch für Schatten
Potentilla neumanniana 'Nana' Fingerkraut	5	IV – VI	reichblühende Bodendecker
Rudbeckia fulgida 'Goldsturm' Sonnenhut	60	VI – VIII	*** für nicht zu trockene Hänge
Saponaria ocymoides Seifenkraut	20	V – VI	bildet große Polster
Sedum und *Sempervivum* siehe »Winterharte Sukkulenten«, Seite 42 ff.			
Solidago 'Strahlenkrone' Goldrute	60	VII – VIII	*** anspruchslos, nicht wuchernd
Thymus alle Arten und Sorten Thymian	bis 25	V – IX	für volle Sonne
Verbascum alle Arten und Sorten Königskerzen	bis 200	V – VIII	lieben Sonne und Trockenheit
Vinca major und *V. minor* in Sorten Immergrün (siehe Foto S. 36)	40 15	VI – VII IV – VI	auch zur Unterpflanzung
Yucca filamentosa und *Y. glauca* Palmlilien	150 160	VII – IX VIII – IX	sehr dekorativ, für sonnige Plätze

*** = Sichtungsergebnis: »vorzügliche Sorte« (siehe auch Seite 40).

Stauden halten den Hang

Was wären pflegeleichte Gärten am Hang ohne Stauden? Genau dort, wo das Gärtnern über Jahre hinweg Freude bereiten soll, sind sie die richtigen Partner. Streng botanisch gesehen sind Stauden Pflanzen, die einen ausdauernden Wurzelstock haben, aus dem sie, nicht selten ein Menschenleben lang, in jedem Frühjahr wieder neu austreiben, blühen und fruchten und im Winter entweder ohne ihre oberirdischen Teile in der Erde ruhen oder mit grünem Blattwerk überdauern. Manche sind dekorativ und farbenprächtig, andere wieder bescheiden und geradezu unscheinbar. Die niedrigen Formen rollen bereits im zeitigen Frühjahr bunte Blumenteppiche aus, andere sind dankbare Lückenfüller zur Sommerszeit, und viele schmücken noch im Zeichen des Herbstes den Garten. Die einen mögen viel Sonne, andere wieder nehmen, so der Fingerhut, mit Schattenplätzen vorlieb. Doch auch ausdauernde Küchenkräuter, Farne, Gräser, Sumpf- und Wasserpflanzen sind Stauden. Nicht zu vergessen die vielgestaltigen Zwiebel- und Knollengewächse, die, an anderer Stelle erwähnt, mit anmutiger Schönheit manche Gartenpartie verschönern.

Warum Stauden?

Nehmen wir Beispiele aus der freien Natur. Überall sind dort Stauden den Laub- und Nadelgehölzen zugeordnet. Es gibt nichts Schöneres für den Besitzer eines Hanggartens, als beispielsweise Stau-

Seite 35:
Oben links: Extrem steile Hänge lassen sich mit Böschungssteinen dauerhaft begrünen (siehe S. 12 f.). Sofern ausreichend Wurzelraum zur Verfügung steht, entwickeln sich genügsame Steingartenpflanzen, hier die Grasnelke, *Armeria latifolia* 'Bees Ruby' und das Steinkraut, *Alyssum saxatile* 'Compactum', zum auffallenden Blickfang.

Oben rechts: Im Blütenmeer des Steinkrautes, *Alyssum saxatile* 'Plenum' (siehe S. 31), kaum mehr auszumachen: eine Stützmauer aus Beton-Fertigelementen.

Unten: Rundstufen aus Beton vermitteln diesem neu angelegten Garten am Hang eine heitere Note (Hersteller: Hötzel-Beton GmbH, 7514 Eggenstein).

Seite 36:
Oben links: Die Lampionblume, *Physalis alkekengi* var. *franchetii*, zählt zu den »Pionieren« im Hanggarten. Im Herbst schmücken lange haltbare Kelchhüllen die anspruchslose Pflanze (siehe auch S. 33).

Oben rechts: Auch ohne Blüten schön: das weißbunte Immergrün, *Vinca major* 'Variegata', mit meterlangen, über Steine und Mauern wachsenden Ranken (siehe auch S. 33).

Unten links: Eine immergrüne Belaubung und auffallende Schalenblüten schmückt das unverwüstliche Hartheu, *Hypericum calycinum*, einer der bewährtesten Bodendecker (siehe auch S. 50).

Unten rechts: Herbstblühende Krokusse beenden das Blütenjahr der unzähligen Blumenzwiebeln und -knollen. Sie müssen spätestens Ende August etwa 10 cm tief gepflanzt werden (siehe auch S. 42).

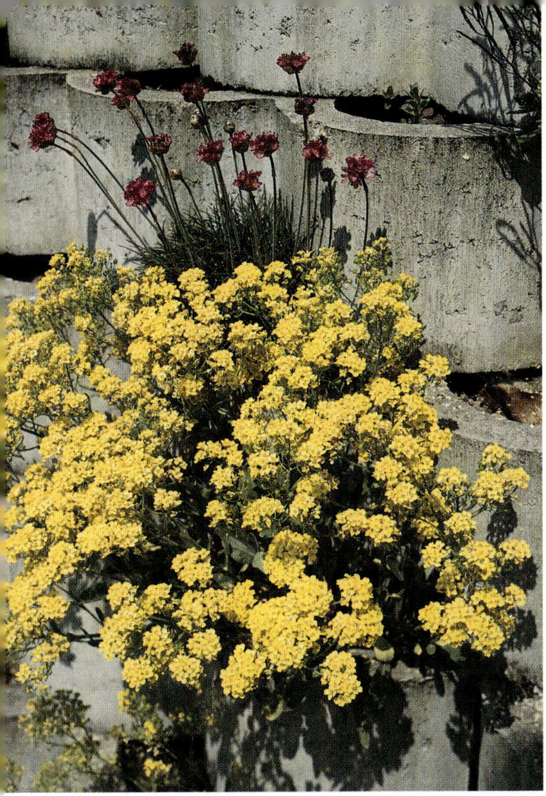
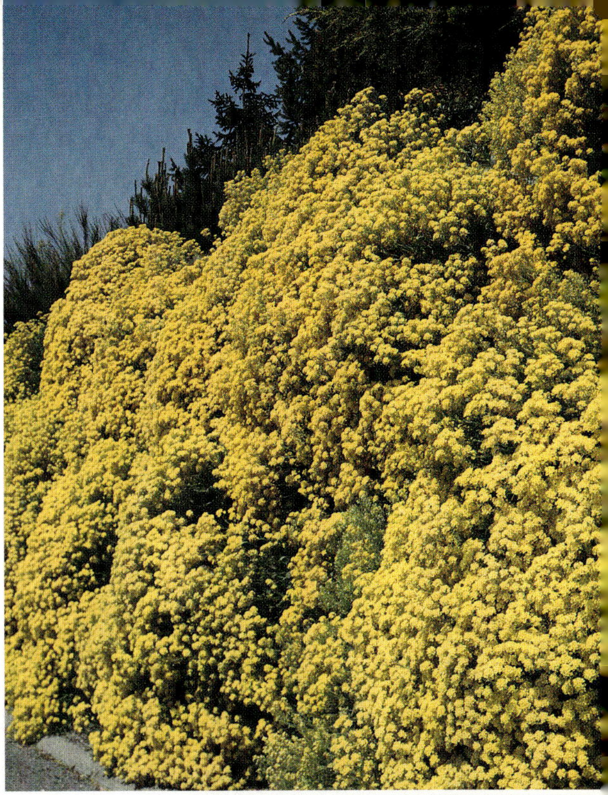
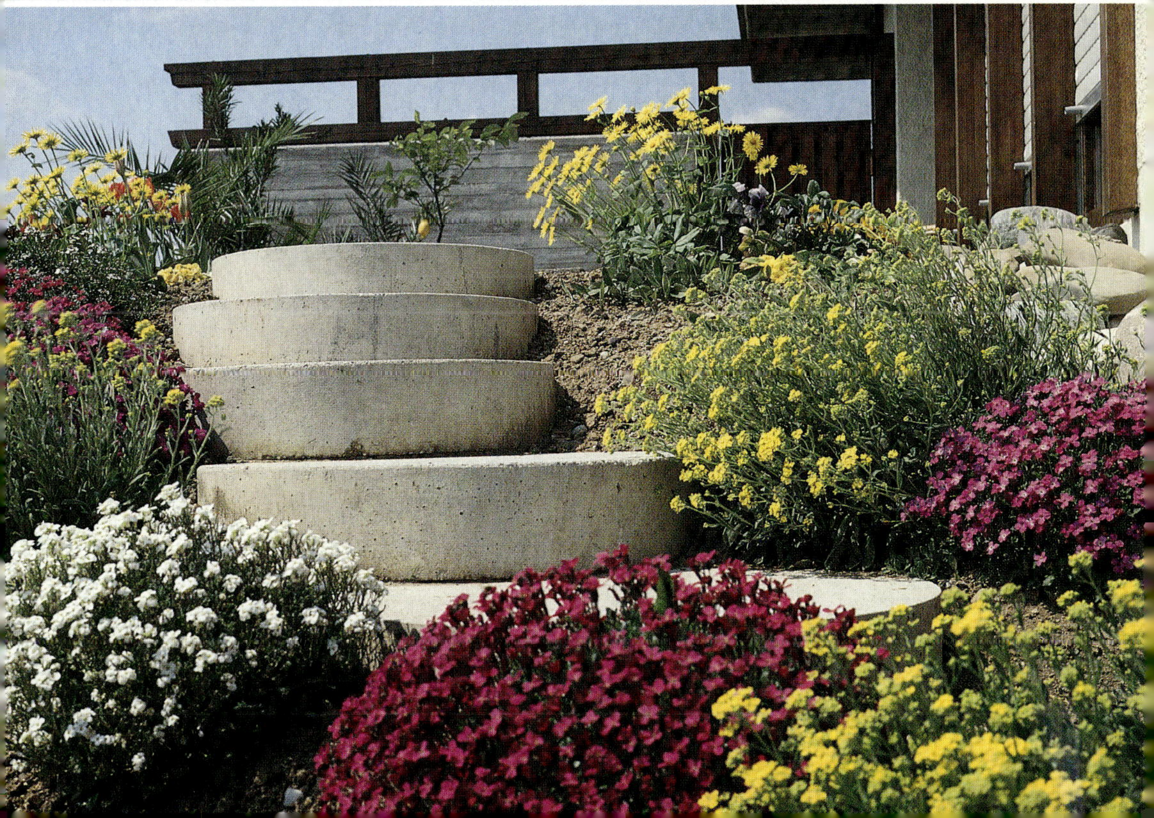

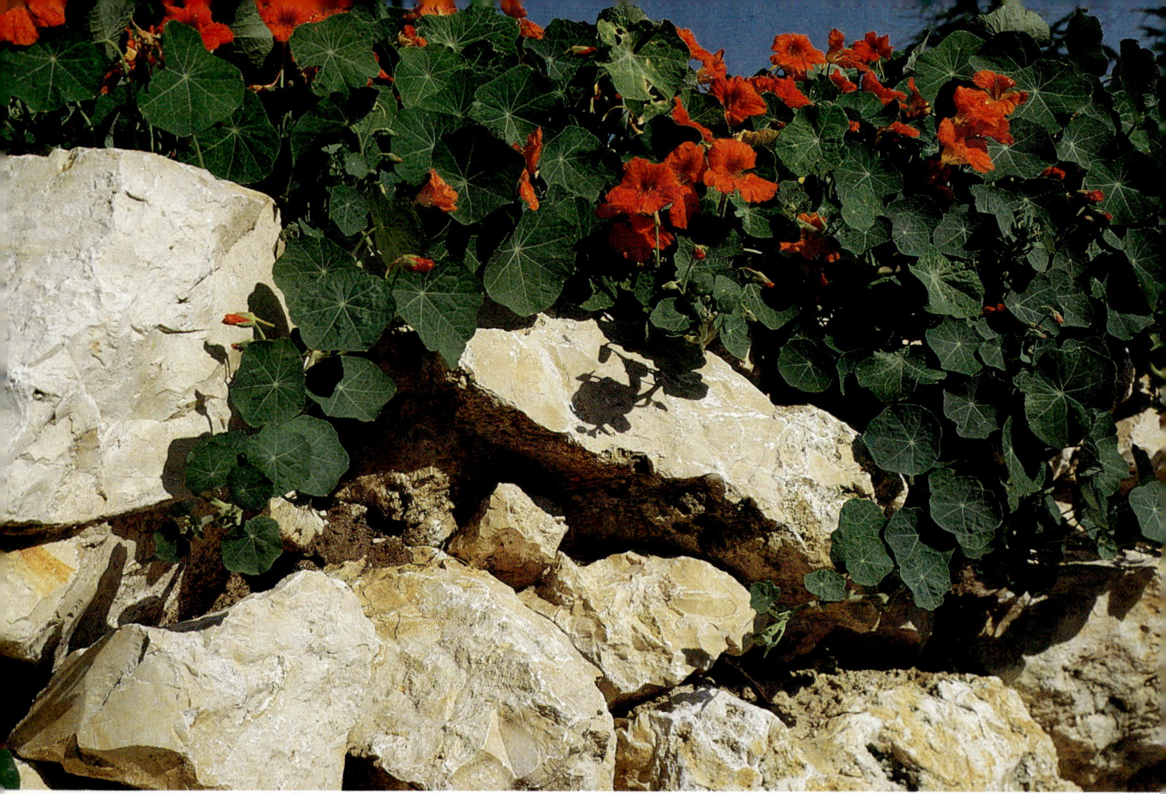

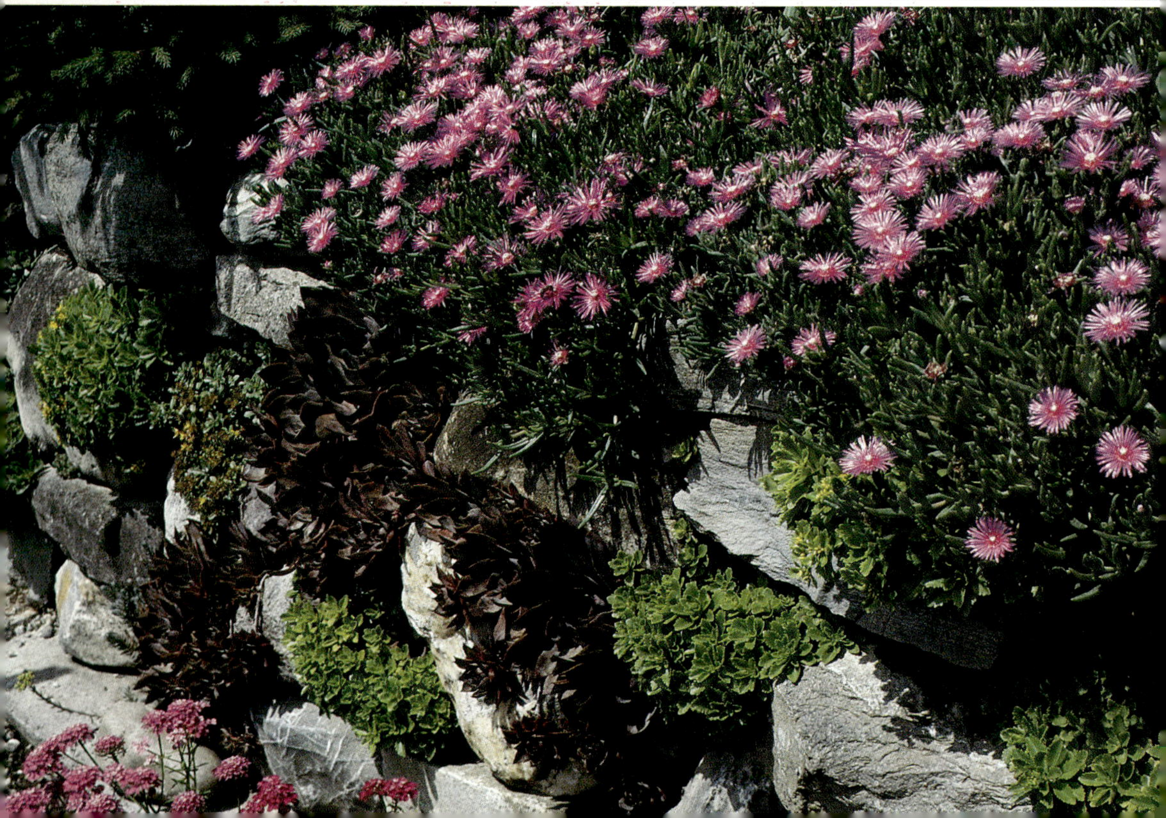

Seite 37:
Oben links: Naturnah gestaltete Mauerkrone mit einer Bepflanzung aus Mauerpfeffer, *Sedum acre,* und Nickender Fetthenne, *Sedum reflexum* (siehe auch S. 44).

Oben rechts: Exotischen Reiz in vollsonnigen Steingärten vermitteln die winterharten Vertreter der Feigenkakteen. Bis 10 cm große Blüten bringt die unverwüstliche *Opuntia phaeacantha* var. *longispina* (Bildmitte) hervor. Selten ist die rotblühende *Opuntia phaeacantha* var. *coccinea* (links oben; siehe auch S. 44).

Unten links: Der stengellose Enzian, *Gentiana acaulis,* darf in keinem Steingarten fehlen. Die Pflanzen bilden mit den Jahren an nicht zu trockenen Standorten große Polster.

Unten rechts: Zwischen Steinen entwickeln sie sich zur vollendeten Schönheit: die vielgestaltige Hauswurz, *Sempervivum,* und der Steinbrech, *Saxifraga* (siehe auch S. 45).

Seite 38:
Oben: Aus Kalkbruchsteinen aufgeschichtete Trockenmauer (siehe auch S. 15 ff.). Über die Mauerkrone rankt die einjährige Kapuzinerkresse (*Tropaeolum*), die am besten im späten Frühling an Ort und Stelle gesät werden sollte.

Unten: Mit winterharten Sukkulenten bepflanzte Trockenmauer. Bereits nach sechs Monaten zeigen Mittagsblumen, *Sedum*-Arten und verschiedene Hauswurzen schönste Formen und Farben.

den mit den verschiedenen Ziergehölzen oder Wildsträuchern zu einem harmonischen Ganzen zusammenzufügen. Dabei sind sie allein schon aus wirtschaftlichen Gründen vorteilhaft. Es bedarf nur einer einmaligen Anschaffung, um sich bei wenig Pflege über Jahre hinweg an stetig zunehmendem Blütenflor zu erfreuen. Außerdem gibt es in der Gartengestaltung Aufgaben, die nur mit Stauden befriedigend gelöst werden können. Und welcher Gartenfreund möchte auf die reizvollen Pflanzgemeinschaften mit Stauden am Hang verzichten? Genau sie sind es, die trotz unzähliger Züchtungen etwas von ihrem wildnisartigen Zauber in die Gärten von heute herübergerettet haben.

Staudenbeete richtig planen

Für die Pflanzenwahl sind Standort, Bodenart, Farbe, Blütezeit und Wuchshöhe ausschlaggebend. Im Pflanzplan für einen Garten am Hang sind es zuerst die Gehölze, mit denen man Akzente setzen will. Dann folgen Rosen. Die Lücken werden nun mit Stauden bepflanzt: Frühjahrsblüher stehen hinten, wintergrüne Arten in der Mitte, Sommer- und Herbstblüher im vorderen und mittleren Bereich. Dadurch gibt es nach dem Verblühen keine leeren Stellen.
Jede Staude sollte farblich und in der Blütezeit auf die Nachbarn abgestimmt werden. Hohe, mehrtriebige oder verzweigte Stauden stehen gern allein, eintriebige lieber zu zweit oder zu dritt. Niedere Stauden wollen unbedingt Gesellschaft, drei bis fünf Pflanzen sind die

Mindestpflanzmenge. Pflanzt man sie in ungerader Zahl, gibt es keine Lücken.

Verblühte Stauden stehen lassen

Fruchtende Blütenstände an Zier- und Wildstauden sind in unseren Gärten selten. Denn normalerweise wird alles, was verblüht ist, herausgeschnitten, leider auch im Herbst. Nur wenige wissen, daß stehengebliebene Stauden gerade zur kalten Jahreszeit zahlreichen Tieren als Nahrungsgrundlage und Überwinterungsquartier dienen. So zerpflücken samenfressende Kleinvögel wie Distelfinken und Dompfaffe die Fruchtstände. Nützlinge unter den Insekten wie Ohrwürmer und Wildbiene sind auf die markhaltigen Stengel als Schutz und Versteck angewiesen. Meisen und Kleinspechte suchen die vertrockneten Pflanzenteile nach Raupen und Spinnen ab.

Diese Möglichkeit der Vogelfütterung ist artgerechter als das teuerste Vogelfutter. Doch es gibt auch noch andere Gründe, die Stauden erst im Frühjahr zurückzuschneiden. Viele kommen mit ihren irgendwann abgestorbenen Triebteilen weitaus besser durch Extremwinter. Und wer freut sich nicht darüber, wenn schnee- und reifbedeckte Pflanzenreste dann zur Winterszeit ungeahnte Fotomotive in den Hanggarten zaubern?

Eine Auswahl ohne Ende

Nicht selten ist der Blick in die Sortimente von Staudengärtnern äußerst verwirrend. Vor allem die Fülle der Neuzüchtungen bringt bei jeder Auswahl ungeahnte Probleme. Oft hilft nur der Ratschlag eines Erfahrenen oder dann der Blick in Nachbars Garten. Denn was dort gut wächst und gut blüht, kann oft auch im eigenen Garten Einzug halten. Manche Gärtner stellen die Qualitäten der angebotenen Pflanzen in sogenannten Sichtungsergebnissen dar. So bedeutet z.B. **w** sehr wertvolle Wildstaude, w wertvolle Wildstaude, *** vorzügliche Sorte, ** voll empfehlenswerte Sorte, * empfehlenswerte Sorte, S* wertvolle Schnittstaude und Li Liebhaberstaude mit hohem Gartenwert.

Wer es versteht, aus der Fülle der Stauden die schönsten für sich auszuwählen, wird nahezu rund ums Jahr auffallendes Blattwerk, Formen und Farben bezaubernder Blüten und nicht zuletzt da und dort betörenden Duft genießen dürfen (siehe auch Tabellen Seite 31 ff. und 49 f.).

Blumenzwiebeln und -knollen

Eine große Anzahl der frostharten und dabei mehrjährigen Zwiebel- und Knollengewächse sind ideale Pflanzen für den Garten am Hang. Mit ihren unterschiedlichen Speicherorganen, z.B. der Zwiebel (Tulpe, Lilie), der Zwiebelknolle (Krokus) oder der Knolle (Alpenveilchen), sind sie, ähnlich wie die Sukkulenten, äußerst anpassungsfähig an schwierige Klima- und Wachstumsverhältnisse. Gerade diese Eigenschaften sind im pflegeleichten Hanggarten ge-

fragt. Einmal gepflanzt, entwickeln sich die kleinen und großen, zum Verwildern oder zur Solitärstellung gedachten Pflanzen zu einer Schönheit, die in herkömmlichen Gärten nur erahnt werden kann. In der Tat bietet die Hanglage den Zwiebel- und Knollengewächsen den ihren heimatlichen Bedingungen am nächsten kommenden Lebensraum. Überschüssiges Wasser läuft ab bzw. versickert, und gerade alle Frühjahrsblüher unter den Zwiebel- und Knollengewächsen profitieren im Sommer von der zu dieser Jahreszeit im Hanggarten vorhandenen milden Erdfeuchtigkeit, weil sie in dieser Zeit ihre Ruhezeit haben. Doch auch die sommerblühenden Blumenzwiebeln und Knollen profitieren von dem individuellen Kleinklima

des Gartens am Hang, auch wenn im Einzelfall bei sehr hohen Temperaturen und nach wochenlangem Fehlen von Niederschlägen schönste Blüher gegossen werden müssen.

Viel Freude – wenig Pflege

Bereits im zeitigen Frühjahr bringen Polsterstauden und Gehölze intensive Farben in den Garten am Hang. Doch

Pflanztiefen und Wuchshöhen frühjahrsblühender Blumenzwiebeln und -knollen. Wichtig: Erde gut lockern; schwere Böden mit Sand vermischen. Für die Pflanztiefe gilt als Faustregel: Zweimal so tief pflanzen wie die Zwiebel oder Knolle hoch ist. Dies ist gleichzeitig auch der Pflanzabstand.

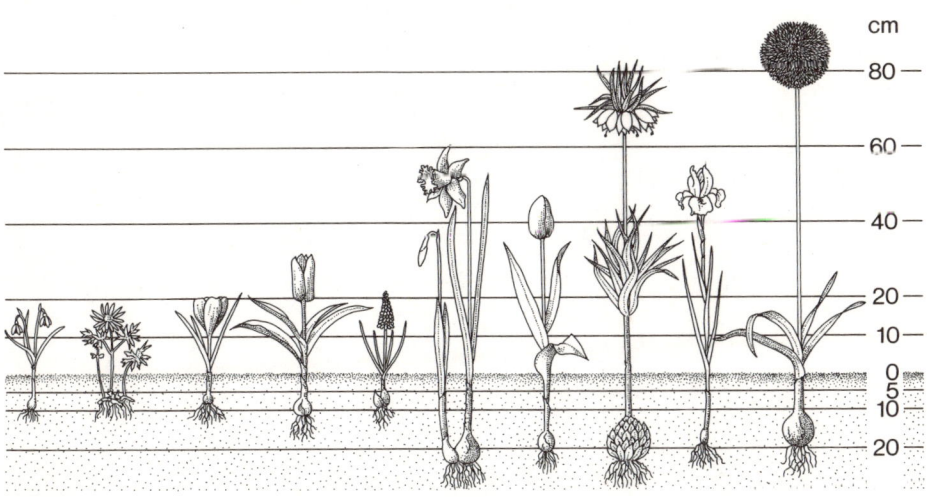

Pflanzenauswahl

Abwechslung in Wuchshöhen und Formen sind nur mit der Vielzahl von in diesen Wochen blühenden Blumenzwiebeln und Knollen zu erreichen. Einmal im Herbst gepflanzt, bleiben sie während des ganzen Jahres in der Erde und vermehren sich im Schutz von Gehölzen oder Steinen so reichlich, daß sie irgendwann geteilt werden müssen. Dies ist dann der Fall, wenn die Blütenzahl geringer wird oder die Blüten ihre normale Größe nicht mehr erreichen. Ansonsten sind die in größeren Tuffs gepflanzten und farblich abgestimmten Blumenzwiebeln und -knollen über viele Jahre hinweg ein auffallender Blickfang. Pflege benötigen sie kaum. Sie beschränkt sich vorwiegend auf das rechtzeitige Entfernen der verwelkten Blüten, um die Samenbildung zu verhindern. Blatt- und Stengelteile sollten bis zum vollständigen Einziehen, d.h. Vertrocknen, stehenbleiben. Die vertrockneten Teile werden dann einfach aus der Erde gezogen und wie alle anderen abgeschnittenen Pflanzenteile kompostiert. Dadurch wird erreicht, daß sich die Speicherorgane kräftigen und im nachfolgenden Jahr ihre gewohnte Pracht entfalten.

Eine Reihe solitärer Zwiebelgewächse kommt allerdings in nährstoffarmen Böden ohne zusätzliche Düngung nicht aus. So zahlreiche Tulpensorten, Narzissen und Lilien. Letztere entwickeln sich am schönsten, wenn die Erde durchlässig und nährstoffreich ist. Fast alle Lilien stehen gerne zwischen kleinwüchsigen Stauden, aus denen sie herauswachsen und dann ihre bezaubernden Blüten in voller Sonne zeigen. Die großblütigen Darwin-Tulpen behaupten sich auch in nährstoffarmen und schweren Böden. Zusammen mit einigen Wildtulpenarten und vielen Kleinblumenzwiebeln und -knollen stellen sie eine pflegeleichte Grundpflanzung dar, die dem Garten am Hang von Februar bis Mai wertvolle Akzente verleiht.

Die Pflanzzeit für alle frühjahrsblühenden Blumenzwiebeln und -knollen ist der Herbst, wobei Blausternchen, Krokusse und Winterlinge bereits ab August, Narzissen noch im November und Tulpen bis in den Dezember hinein gepflanzt werden können. Lilien bringt man möglichst im Frühjahr in die Erde.

Winterharte Sukkulenten

Ihre Heimat liegt meist in den Gebirgsregionen unserer Erde. Hitze und Trockenheit, aber auch Schnee und Kälte gehören dort in den Wechsel der Jahreszeiten. Wer überleben will, muß sich anpassen können. Neben Gräsern, hartblättrigen Stauden, Zwiebel- und Knollengewächsen und stacheligen Sträuchern sind es vor allem die Dickblattgewächse, Sukkulenten also, die erstaunlich widerstandsfähig sind. Kein Wunder also, daß sie allgemein als pflanzliche Lebenskünstler gelten. Ihre Anspruchslosigkeit hat sie zudem zu liebenswerten Pflanzen ihrer oft so fernen Heimat gemacht.

Was läßt nun diese »Dickhäuter« zu Lebenskünstlern werden? Da ist einmal ihre angeborene Sukkulenz, die Fähig-

Sukkulenten

keit also, Wasser für Trockenperioden zu speichern. Dann der zähflüssige Zellsaft, der sich mit den kühler werdenden Tagen eines jeden Jahres verdickt. Jedes Zuviel an Feuchtigkeit wird ausgeschieden, die Pflanzen schrumpfen. Eigenartig offenbaren sich dann die Freilandsukkulenten zur Winterszeit. Graue, braune, rote und violette Farbtöne verdrängen das frische Grün des Sommers. Doch nach Wochen in Schnee und Kälte erwachen die Pflanzen aus ihrem Winterschlaf. Die Triebe werden prall und lassen bereits wenige Wochen später zukünftige Freuden erahnen. Und auch hier sind bezaubernde Blüten die Krönung geduldiger Pflege. Nach ihrer Wuchsform und leicht unterschiedlichen Pflegeansprüchen lassen sich Freilandsukkulenten in drei große Gruppen unterscheiden. Da sind einmal die Dachwurzen oder Semperviven. Es sind meist Pflanzen von geringer Größe, darunter zahlreiche Kostbarkeiten, die durch eine Vielzahl interessanter Hybriden ergänzt werden. In Gruppen gepflanzt, als Bewohner von Fertigelementen, ausgehöhlten Steinen oder Mauernischen, kommen sie besonders zur Geltung.

Dann die strauchigen, überwiegend rasenbildenden Freilandsukkulenten. Je nach dem Nährstoffgehalt des Bodens werden Arten der Gattungen *Delosperma* und *Sedum* oft sehr üppig und blühen über Monate. Sie eignen sich zur pflegeleichten Begrünung sonniger Plätze am steilen Hang zwischen großen Steinblöcken oder zur Einfassung von Wegen und Treppen.

Zuletzt noch der Hinweis auf die winterharten Vertreter von Kakteen und Agaven. Als dankbar und nahezu unverwüstlich gelten eine Reihe von »Feigen- oder Ohrenkakteen« aus Nordamerika, die winterharten Opuntien. Zum exotischen Aussehen der Pflanzen gesellen sich bezaubernde, bis 10 cm große, ro-

Winterharte Sukkulenten entwickeln sich zwischen Steinen zur vollendeten Schönheit: ① *Sedum album*, ② *Sempervivum* 'Rotsandsteinriese', ③ *Sempervivum calcareum*, ④ *Sempervivum* 'Beta' und ⑤ *Sempervivum* 'Jupiter'. Sonnenhungrige Stauden, wie ⑥ *Lavandula angustifolia* (Lavendel), ⑦ *Euphorbia myrsinites* (Walzenwolfsmilch), ⑧ *Asphodeline liburnica* (Junkerlilie) und kleinwüchsige Lilien, z.B. ⑨ *Lilium pumilum* (Korallenlilie), runden die pflegeleichte Pflanzung ab.

Pflanzenauswahl

senähnliche Blüten, dann zur Herbst- und Winterszeit die gelben und roten Früchte, die wochenlang die meist wildbedornten »Blätter« zieren. Kleinwüchsige Agaven, so die bewährte Art *Agave megalacantha,* entwickeln sich in geschützten Lagen zu einer auffallenden Rosettenpflanze bis 30 cm Durchmesser.

Aus diesen wenigen Namen wird deutlich, daß hinter der Bezeichnung Freilandsukkulenten außergewöhnliche Pflanzenschätze zu finden sind. Allerdings: Bevor diese »Durstkünstler« ihren Platz erhalten, sollte man ihnen einige bescheidene Wünsche erfüllen. Sonnige, mit großen Steinen oder Findlingen dekorierte Plätze im Hanggarten eignen sich besonders gut. Die Erde sollte durchlässig sein. Sand, etwas Lehm, ungedüngte Gartenerde und eine Drainage aus Kies sorgen dafür, daß der kleine Sukkulentengarten über Jahre hinweg viel Freude bereitet.

Winterharte Sukkulenten – eine Auswahl

Botanischer Name Deutscher Name	Wuchshöhe in cm	Blütezeit Monat(e)	Bemerkungen
Agave megalacantha	25	VI – IX	sehr dekorativ
Delosperma cooperi Mittagsblume (siehe Foto S. 17)	15	VI – X	wertvoller Dauerblüher
Delosperma nubigenum Mittagsblume (siehe Foto S. 17)	10	V – VI	stark wachsend
Jovibarba alle Arten	20	VI – VII	dekorativ, jedoch seltene Blüher
Opuntia phaeacantha Varietäten und Sorten (siehe Foto S. 37)	50	VI – VIII	nur für volle Sonne
Sedum acre Mauerpfeffer (siehe Foto S. 37)	5	VI – VIII	Bienenfutterpflanze
Sedum album 'Coral Carpet' Rotmoos-Sedum	5	VI – VII	im Sommer bronzerot

Einjahrsblumen

Botanischer Name Deutscher Name	Wuchshöhe in cm	Blütezeit Monat(e)	Bemerkungen
Sedum floriferum 'Weihenstephaner Gold' Teppich-Sedum	15	VII – VIII	bildet große Polster
Sedum kamtschaticum Kamtschatka-Sedum	15	VII – IX	Bodendecker
Sedum sieboldii Oktoberle	20	IX – X	lange blühend
Sedum spectabile Fetthenne	40	VII – X	leicht durch Stecklinge zu vermehren
Sedum spurium in Sorten Teppich-Sedum	bis 15	VI – VIII	rote Blattfärbung
Sedum telephium 'Herbstfreude' Fetthenne	40	IX – X	wertvolle Sorte
Sempervivum alle Arten und Sorten Hauswurz (siehe Foto S. 37)	bis 40	VI – VII	ideal für Trockenmauern

Einjahrsblumen zum Verwildern

Einjahrsblumen sind nicht nur in herkömmlichen Gärten richtige Freudebringer. Gerade im Hanggarten wachsen die alljährlich neu aus Samen wachsenden sogenannten Sommer- oder Einjahrsblumen ihren Beschauern buchstäblich entgegen. Neben Pflanzen mit Vorkultur und weitaus höheren Ansprüchen an Standort, Nährstoffe, Erde und Feuchtigkeit gibt es jedoch einige robuste Arten, deren Samen selbst ausfallen und überwintern oder die im Herbst und im Frühjahr breitwürfig ausgesät werden können. Der naturnah orientierte Hanggärtner wünscht sich im allgemeinen einfache Blüten, die einen Magnet für Insekten darstellen. Als

Pflanzenauswahl

Aussaatstellen eignen sich freie Plätze zwischen frühjahrs- oder herbstblühenden Stauden. Die Samen werden ausgestreut, dünn mit Erde überdeckt und anschließend gut befeuchtet. Die beste Zeit für die Herbstaussaaten liegt zwischen Ende September und Mitte Oktober.

Einjahrsblumen – eine Auswahl

Deutscher Name *Botanischer Name*	Wuchshöhe in cm	Blütezeit Monat(e)	Bemerkungen
Duftsteinrich *Lobularia maritima*	10	VI – IX	Insektenweide
Echte Kamille *Chamomilla recutita*	10 – 50	V – IX	Herbstaussaat sinnvoll
Jungfer im Grünen *Nigella damascena* (siehe Foto S. 55)	10 – 40	V – VII	Herbstaussaat sinnvoll, Insektenweide
Kalifornischer Mohn, Schlafmützchen *Eschscholzia californica* (siehe Foto S. 55)	15 – 30	V – X	Herbstaussaat sinnvoll
Kapuzinerkresse *Tropaeolum*-Hybriden	30	VII – X	Aussaat Ende April, rankend
Kornblume *Centaurea cyanus*	20 – 80	VI – X	Herbstaussaat sinnvoll, Insektenweide
Mohn, Einjähriger *Papaver* spec.	30 – 80	V – VII	Herbstaussaat sinnvoll
Ringelblume *Calendula officinalis*	60 – 100	VI – X	Herbstaussaat sinnvoll
Rittersporn, Einjähriger *Delphinium ajacis*	50 – 110	VI – VIII	Herbstaussaat sinnvoll
Saat-Wucherblume *Chrysanthemum segetum*	20 – 60	VI – VIII	Herbstaussaat sinnvoll

Schattenpflanzen

Hanggärten zwischen Sonne und Schatten

Licht und Schatten liegen auch im Garten am Hang ganz nah beieinander. Allerdings: Während ein sonniger Standort keinerlei Pflanzenwünsche offenläßt, sieht dies im Schatten doch etwas anders aus. Dort wird die Bepflanzung vielfach zum Problem.

Grundsätzlich sei jedoch folgendes gesagt: Schatten ist nicht gleich Schatten. So gibt es Plätze im Garten, die wohl hell sind, jedoch nie von Sonnenstrahlen berührt werden. Typische Schattenbilder sind große Nadelbäume, unter deren ganzjährigem, dichtem Nadelkleid nur wenige Pflanzen wachsen können. Anders bei Laubgehölzen, dort beginnt die Schattenwirkung erst mit dem Austrieb der Blätter und auch der Blüten. Unter ihnen wird man zumindest im Frühling und Herbst einen üppigen Pflanzenwuchs haben können.

Blüten auch im Schattengarten

Bereits zur Winterszeit bringen die Christrose, *Helleborus niger*, und ihre Gartenformen weiße und rosa Blüten hervor. Humoser und lehmhaltiger Boden sorgt für gutes Gedeihen und reiche Blüte. Noch bevor die Christrose verblüht ist, leuchten blaue Blüten aus der Schattenecke. Eine auffallend großblühende Art des altbekannten Leberblümchens, *Hepatica angulosa*, ist auch unter laubtragenden Gehölzen, zusammen mit frühen Tulpen, Krokussen und Schneeglöckchen ein liebenswerter Frühlingsbote. Auffallend auch ohne Blüten, ist die Bergenie, eine Pflanze, die ganz gerne im Schatten zu Hause ist. Aus einer Rosette großer, lederartiger Blätter entwachsen oft bereits im

Die Funkie oder Hosta ist viel zuwenig bekannt. Dabei ist das Sortiment groß; viele bemerkenswerte Züchtungen kommen neuerdings aus den USA. Sie wirken vor allem durch schönes Laub. Die Blütenfarben sind weiß bis violett. Funkien gedeihen in jedem guten Gartenboden, am liebsten im Halbschatten oder Schatten. Hosta plantagina 'Grandiflora', mit hellgrünem Laub und weißen, duftenden Blüten ist eine Funkienart, die einen sonnigen Standort bevorzugt.

Pflanzenauswahl

März rosa Blütendolden. Zu den Frühjahrsblühern zählen auch die verschiedenen Arten des Lungenkrauts, *Pulmonaria*, mit vorwiegend blauen Blüten. Besonders schön ist *Pulmonaria saccharata* 'Mrs. Moon' mit silbergeflecktem Laub.

An feuchten Schattenplätzen blüht die Sumpfdotterblume, *Caltha palustris*, die Wochen später von Glockenprimeln überwachsen wird. Eine der schönsten Primeln, *Primula florindae*, liebt tiefen Schatten und bringt herzförmige Blätter und duftende, hellgelbe Blüten hervor. Feuchte Füße möchte auch der italienische Aronstab, *Arum italicum*, mit pfeilartigen, großen, gemusterten Blättern. Imponierend sind dann die Monate später erscheinenden, leuchtendroten Samenstände. Er verlangt allerdings Winterschutz. Anspruchslose Schattenpflanzen sind Funkien. Zahlreiche Züchtungen erweitern das Angebot. Ein bewährter Bodendecker für schattige Lagen ist das Immergrün (*Vinca*), das sich zudem zwischen Juni und August mit meist blauen Blüten schmückt.

Azaleen und Rhododendren sind mit Abstand die schönsten Blüher für lichten Schatten. Allerdings stellen sie an ihren Standort individuelle Ansprüche, die nicht immer leicht zu erfüllen sind. Überhaupt sind es Pflanzen, die, wenn sie nicht zu sehr verkahlen sollen, Einzelstand bevorzugen. Ideale Partner für diese prächtigen Blüher sind Farne, allen voran der Japanische Regenbogenfarn, *Athyrium niponicum* 'Metallicum', und der Rotschleierfarn, *Dryopteris erythrosora*. Der majestätische Fingerhut (*Digitalis*) ist auffallender Mittelpunkt jedes Hanggartens. Zwischen schattenliebende Bodendecker gepflanzt, wird er nach Jahren, durch Samen vermehrt, ganze Flächen besiedeln.

Große Büsche bilden mit den Jahren Freilandhortensien, die, wenn sie von Gärtnerhand ausreichend akklimatisiert wurden, vollkommen winterhart sind und monatelange Blütenpracht bescheren. Wirkungsvoll ist das Schaublatt (*Rodgersia*) mit meterhohen, weißen Blütenständen. Auch die Silberkerze oder *Cimicifuga* ist eine sehr dauerhafte Schattenpflanze mit spätsommerlicher Blütezeit. Bewährt und immer wieder Freudebringer sind die Prachtspieren oder Astilben, deren fedrige Blütenrispen viel Farbe in den Schatten bringen. Zum späten auffallenden Schmuck des Gartens am Hang gehören die orangeroten Früchte der Lampionblume oder Judenkirsche, *Physalis*, deren lampionartiges Aussehen bis in den Winter hinein eine hübsche Zierde bilden.

Bodendecker

Anaphalis triplinervis, das Perlkörbchen.

Die schönsten Bodendecker

Da die Erde am Hang leicht abgetragen wird, sollte zumindest ein Teil der Pflanzung aus niederen, halbhohen bzw. überhängenden Gewächsen mit kräftigem Wurzelwerk bestehen. Damit werden extrem steile Hänge wie auch schwer zugängliche Stellen langfristig und pflegeleicht begrünt. Zahlreiche Stauden und Gehölze, darunter einige Rosen, erfüllen fast alle Anforderungen an derartige extreme Standorte. In der folgenden Tabelle finden Sie eine Auswahl geeigneter Pflanzen. Mit Hilfe der Angaben über Wuchshöhe und Blütezeit gelingt es Ihnen sicherlich, Ihren Garten vorteilhaft zu gestalten und das ganze Jahr über farbige Akzente zu setzen.

Stauden (ohne Freilandsukkulenten) – eine Auswahl

Botanischer Name Deutscher Name	Wuchshöhe in cm	Blütezeit Monat(e)	Bemerkungen
Acaena buchananii *A. microphylla* Stachelnüßchen	10 10	VI – VII VI – VII	immergrün, unscheinbare Blüten
Anaphalis triplinervis 'Silberregen' *A. t.* 'Sommerschnee' Perlkörbchen	30 20	VII – VIII VII – IX	für sonnige trockene Lagen
Cerastium tomentosum var. *columnae* Hornkraut	10 – 15	V – VI	schöne Polster bildend

Pflanzenauswahl

Botanischer Name Deutscher Name	Wuchshöhe in cm	Blütezeit Monat(e)	Bemerkungen
Ceratostigma *plumbaginoides* Bleiwurz	20	VIII – X	in rauhen Lagen Winterschutz nötig
Chrysogonum virginianum Goldkörbchen	20	V – VII	lang blühender Bodendecker
Convallaria majalis 'Grandiflora' Maiglöckchen	20	IV – V	zur Gehölzunter- pflanzung
Euphorbia myrsinites Walzenwolfsmilch	20	V – VI	auch im Winter schön
Hedera helix Gemeiner Efeu	20	X – XI	immergrün
Hypericum calycinum Hartheu (siehe Foto S. 36)	30	VI – IX	völliger Rückschnitt im April
Iberis sempervirens 'Findel' Schleifenblume	20	IV – VI	immergrün
Lavandula angustifolia 'Hidcote Blue' *L. a.* 'Rosea' Lavendel	30 40	VI – VII VI – VII	aromatisch duftend
Stachys lanata 'Silver Carpet' Ziest	30	VI – VII	für trockene, magere Böden
Thymus doerfleri 'Bressingham Seedling' *T. serpyllum* 'Albus' *T. s.* 'Coccineus' Thymian	10 5 5	V – VI VII – IX VII – VIII	aromatisch duftend

Bodendecker

Gehölze

Botanischer Name Deutscher Name	Wuchshöhe in cm	Blütezeit Monat(e)	Bemerkungen
Cotoneaster dammeri 'Coral Beauty'	60	V – VI	immergrün, reicher Beerenschmuck
C. d. 'Eichholz'	50	V – VI	
C. d. 'Skogholm' Kriechmispel	100	V – VI	
Lonicera pileata Böschungsmyrte	40	VI – VIII	immergrün
Potentilla fruticosa 'Arbuscula' Fünffingerkraut	60	V – IX	reiche Blüher
P. f. 'Longacre'	40	V – IX	
Spiraea albiflora *Spiraea* x *bumalda*	50	VI – IX	robust, dankbare Blüher
'Anthony Waterer' Spierstrauch	80	VI – X	

Rosen

Rosa 'Faire Dance'	60	VI – VII	lange blühend
R. 'Heideröslein Nozomi'	40	VI – VIII	leicht duftend
R. 'Immensee'	30	VI – VII	stark duftend
R. 'Max Graf'	50	VI – VII	robuste Sorte
R. 'Pink Spray'	60	VI – VII	reich blühend
R. 'Swany'	50	VI – VIII	weit ausladend
R. 'The Fairy'	40	VI – VII	reich blühend
Rosa moyesii 'Marguerite Hilling'	200	V – IX	öfter blühend, duftend

— Pflanzenauswahl —

Ziergehölze

Größere Hanggärten sind ohne Solitärgehölze kaum vorstellbar, denn erst durch höherwachsende Pflanzen werden sie zum Gartenraum. Dabei bleibt die raumbildende Wirkung auch im Winter erhalten, da das Pflanzengerüst nicht abstirbt. Wer es versteht, aus dem großen Angebot die schönsten Blüher aller Jahreszeiten auszuwählen, wird ganzjährig viel Freude haben.

Auslichten nicht vergessen

Wenn Ziergehölze mit den Jahren zu dicht geworden sind, sollte man alte Triebe entfernen. Frühjahrsblüher werden etwa im Juli, Sommerblüher in den Wintermonaten ausgelichtet. Dabei schneidet man das älteste Holz dicht am Boden heraus und kürzt überhängende Zweige bis zu einem aufrechtstehenden Trieb ein. Nach dem Schnitt soll der Strauch das typische Aussehen seiner Art zeigen. Jährliches Auslichten ist bei Forsythien, Zierjohannisbeere, Spiräen, Deutzien, Falschem Jasmin, Gemeinem Schneeball, Fingerstrauch, Weigelie und der Schneeballhortensie günstig. Alle paar Jahre sollten Japanische Zierquitte, Kolkwitzie, Weiß- und Rotdorn, sommergrüner Spindelbaum, Flieder, Ranunkelstrauch, Mahonie, Strauch-Päonie, Felsenbirne, Blasenspiere und Gewürzstrauch geschnitten werden. Im Anschluß an den Schnitt vertragen die Sträucher eine Düngung. Vorteilhaft gibt man einen organischen Volldünger, ca. 80 g/m², und arbeitet ihn flach in den Boden ein.

Gehölze selbst ziehen

Nicht jeder, der einen Garten am Hang anlegen möchte, kann gleich zu Anfang eine komplette Bepflanzung vornehmen. Deshalb ist es gut zu wissen, daß viele Blütengehölze im späten Frühling oder noch besser im Frühsommer durch Stecklinge vermehrt werden können. Dies macht Spaß und entlastet au-

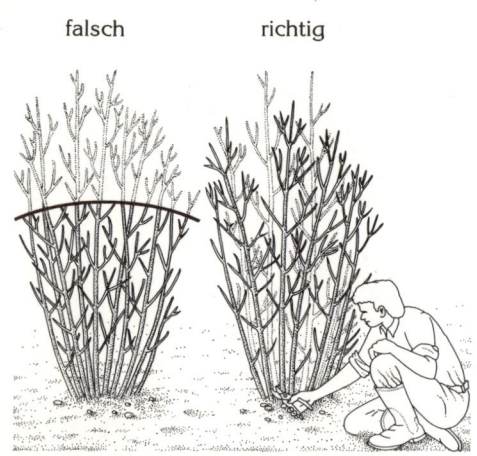

falsch   richtig

Einzeln wachsende Gehölze sollten entgegen mancher Meinungen nicht beschnitten, sondern ausgelichtet werden. Dazu ist je nach Art ein- bis mehrjähriges Holz dicht am Boden herauszuschneiden.

Ziergehölze

Vermehrung von Gehölzen aus Stecklingen (Anleitung siehe Text). Eine über das Bewurzelungsgefäß gespannte Folie beschleunigt die Bewurzelung.

ßerdem die Gartenkasse. Gut vermehrbar sind Deutzien, Falscher Jasmin, Zierquitten, Forsythien und Tamarisken. Stecklinge werden von leicht verholzten, höchstens letztjährigen Trieben jeweils unter einem Auge (= Knospe) abgeschnitten. Sie sollten 15 bis 20 cm lang sein. Aus manchen, gut entwickelten Trieben können mehrere Steckhölzer geschnitten werden. Das oberste Triebende wird als Kopfsteckling, untere Teile werden als Teilstecklinge bezeichnet. Es lohnt, die Schnittstelle vor dem Stecken in ein Bewurzelungshormon zu dippen. Dadurch wird eine höhere Bewurzelungsrate erreicht. Als Pflanzerde eignet sich jede nahrhafte, mit grobem Sand vermischte Gartenerde. Sofern die Gehölze nicht gleich am endgültigen Standort gesteckt werden können, ist es sinnvoll, sie vorläufig

in mittelgroße Töpfe einzupflanzen. Dadurch ist später ein schockloses Verpflanzen möglich. Man steckt die Hölzer so tief, daß nur noch höchstens ein Drittel sichtbar ist. Gleichmäßige Feuchtigkeit bringt baldigen Austrieb. Oft sind bereits im nachfolgenden Jahr erste Blüten zu erwarten.

Ein Plädoyer für Wildsträucher

Die Mehrzahl der heute in den Gärten angepflanzten und ohne Frage interessant und dekorativ aussehenden Ziersträucher sind als Nahrungsquelle für heimische Tiere bedeutungslos. Viele der Blüten sind unfruchtbar und deshalb für Insekten uninteressant, selbst die Blätter ernähren nur einen Bruchteil der Insekten, die im allgemeinen vom Blattangebot heimischer Wildsträucher profitieren. So sind ja nicht nur die als Nahrungsspezialisten bezeichneten Fresser, Nager und Pollensucher betroffen, sondern auch sämtliche andere Gartenbewohner, die direkt oder indirekt an das Nahrungsangebot heimischer Wildsträucher gebunden sind.
Warum also nicht Naturschutz im Garten am Hang praktizieren? Zu schnell übersieht man, daß das Miteinander von Pflanzen und Tieren eigentlich selbstverständlich sein sollte, überhaupt eine seit Urzeiten gewachsene Symbiose darstellt. Fast alle der etwa 50 bekanntesten und von ihrer Wuchsform für die Hangbepflanzung geeigneten, einheimischen Wildsträucher haben ihren speziellen Partner. Oft geben

Pflanzenauswahl

schon ihre Namen erste Hinweise, z. B. Schlehenspinner, Blattrosenkäfer, Brombeer-Perlmutterfalter, Schneeblattkäfer, Weißdorn-Keulhornblattwespe und Faulbaum-Bläuling.

Andere Insekten sind weniger spezialisiert und nutzen verschiedenartigste Blattnahrung. So frißt z. B. das grüne Heupferd an Blättern zahlreicher Sträucher, die Raupen von Baumweißling und Segelfalter finden sich auf Schlehe und Weißdorn, und die Spanische Fliege mag nicht nur Holunderblätter. Dazu bieten Säfte, Zweige, Holzteile und selbstverständlich die Blüten begehrte Nahrungsquellen. Unzählig sind die Blütengäste: Bienen, Fliegen, Käfer, Schmetterlinge und Wanzen.

Jedes in unseren Garten am Hang gepflanzte heimische Gehölz stellt deshalb eine unverzichtbare Heimat für irgendwelche Tiere dar. Viele davon sind heute in ihrem Bestand bedroht. Warum, wissen wir alle. Der über Jahrzehnte durchgeführte Raubbau an der Natur, in Feld und Flur oder auch im eigenen Garten hat seine Spuren hinterlassen. Für naturnah orientierte Gartenfreunde bleibt deshalb der Wunsch, möglichst viele dieser Pflanzen wieder in den Garten zu holen. Warum nicht auch in den Garten am Hang?

Oben links: Ideal zum Verwildern: Die Jungfer im Grünen, *Nigella damascena,* ist anspruchslos und zeigt meist im Mai erste Blüten (siehe auch S. 46).

Oben rechts: Ungemein reiche Blüte aus bis zwei Meter hohen Pflanzen: die bezaubernde Parkrose 'Scharlachglut'. Im Herbst schmückt sie sich mit großen, auffallenden Früchten.

Unten links: Sonnige, trockene Plätze bevorzugt die Silberdistel, *Carlina acaulis.* Ihre nur bei voller Sonne geöffneten Blüten sind ein Anziehungspunkt für zahlreiche Insekten.

Unten rechts: Der Kalifornische Mohn, *Eschscholzia californica,* bringt von Mai bis Oktober leuchtende Farben in den Hanggarten (siehe auch S. 46).

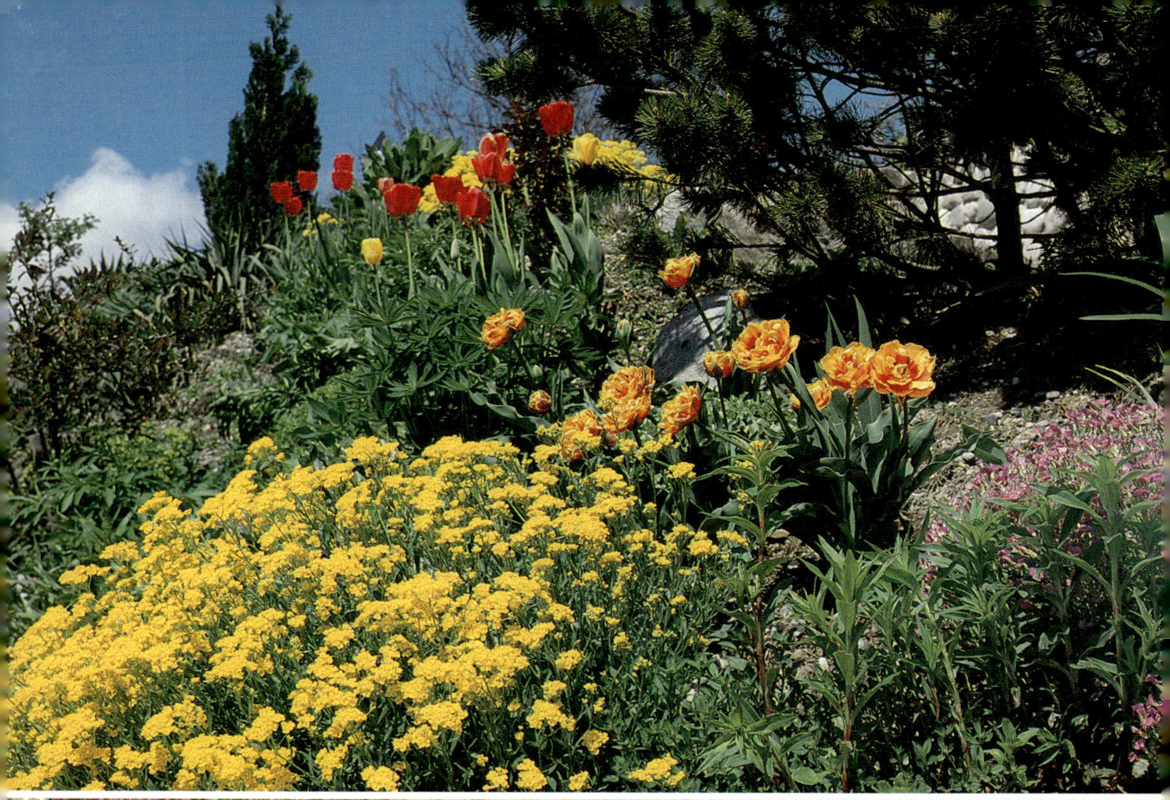

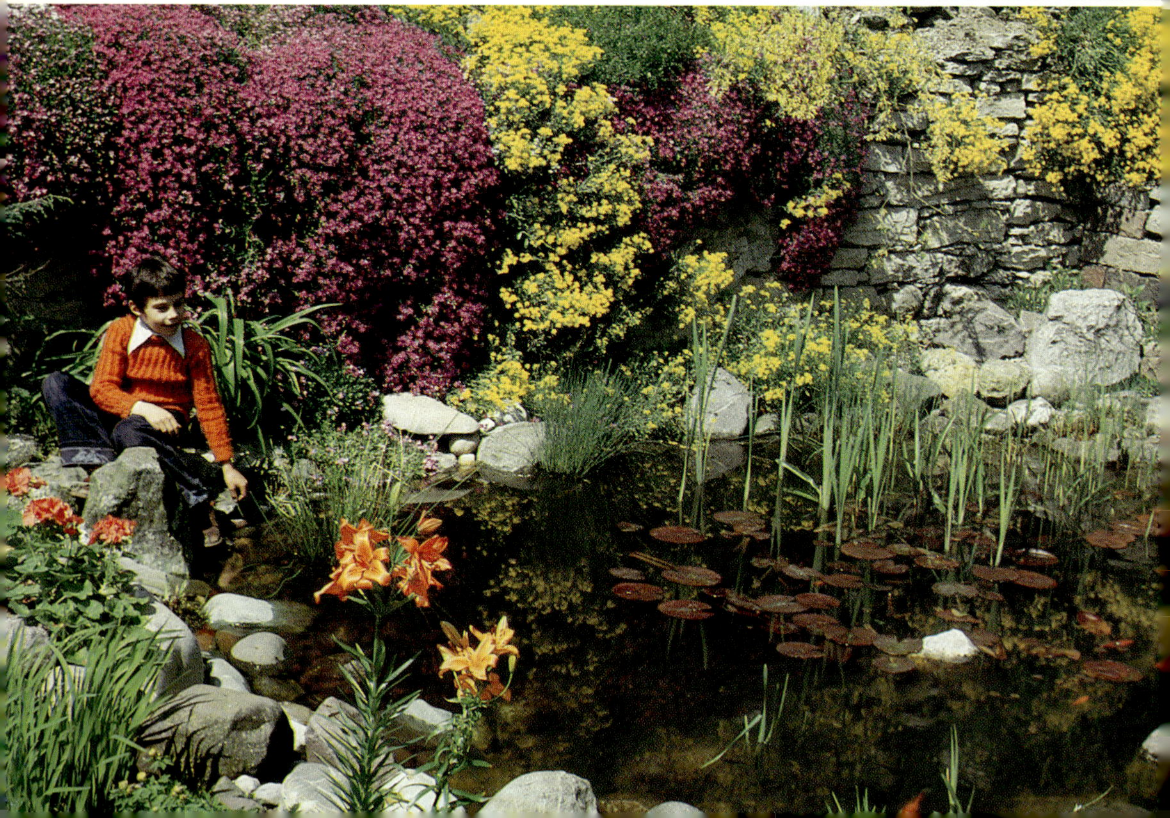

Rosen

Rosen zum Verlieben

Was wäre ein Garten am Hang ohne Rosen? Ob nun die sommerlang blühenden Beetrosen, die strauchigen Wildformen mit zartem Duft oder die Kletterer und Hänger an Mauern: Überall sind sie wirkungsvolle Begleiter von Stauden, Ziergehölzen und Koniferen.

Rosen wollen viel, am besten den ganzen Tag über Sonne haben. Sie brauchen viel Licht und Luft, ansonsten machen sich Krankheiten und Schädlinge breit. Beste Pflanzzeiten sind Frühling und Herbst. Doch im Zeitalter der Containerpflanzen kann man nun fast ganzjährig »seinen Rosengarten« zusammenstellen. Zu altbekannten und bewährten Sorten kommt heute eine Fülle neuester Züchtungen. Noch ein Tip: Bevor gekauft wird, sollte man einen Blick in Nachbars Garten werfen. Was dort wächst, gesund ist und herrlich blüht, kann meist auch im eigenen Garten Einzug halten.

Oben: Steile Hangpartie mit einer Bepflanzung aus Polsterstauden, Zweijahrsblumen und verschiedenen Tulpen. Attraktiv ist die Bergkiefer, *Pinus mugo*, mit breit ausladenden, teilweise niederliegenden Ästen.

Unten: Kein Garten am Hang ohne Wasser. Vielbesuchter Mittelpunkt ist der kleine Teich, der im späten Frühling zu neuem Leben erwacht. Polsterstauden fallen in meterlangen Polstern zum Uferrand (siehe auch S. 25 f.).

Wer Rosen in seinen Hanggarten einbeziehen will, wird sie vor allem als »Leitpflanzen« farblich abgestimmten Stauden zuordnen. Gerade die vielblumigen Beetrosen werden durch weiße, gelbe und blaue Farbtöne wirkungsvoll ergänzt. Schöne Begleitpflanzen zu Rosen sind: *Aster amellus, Aster dumosus, Chrysanthemum maximum* 'Gruppenstolz', *Erigeron* 'Dunkelste Aller' und 'Sommerneuschnee', blaublühende *Delphinium*-Sorten, *Potentilla recta* 'Warrenii', *Rudbeckia fulgida* 'Goldsturm', und *Salvia nemerosa* 'Blauhügel', 'Mainacht', 'Ostfriesland' sowie 'Wesuwe'.

Park-, Wild- und Strauchrosen sind vor allem in größeren Hanggärten äußerst wirkungsvoll. Besonders geeignet sind *Rosa hugonis*, die Chinesische Goldrose, dann *Rosa moyesii* 'Marguerite Hilling' mit überhängenden Zweigen und die öfterblühenden Strauchrosen 'Bischofsstadt Paderborn', 'Lichtkönigin Lucia', 'Schneewittchen' und 'Westerland'. Ideale Partner für diese Rosen sind höher wachsende Stauden wie Herbstastern (*Aster novi-belgii*), Rittersporn (*Delphinium*) und Königskerze (*Verbascum*). Im Kreise der Rosen finden dann auch schönste Gräser ihren Platz. Der Blauschwingel (*Festuca glauca*), das Straußengras (*Achnatherum calamagrostis*), das Pfeifengras (*Molina altissima*), die Rutenhirse (*Panicum virgatum*) und das Pyrenäenfedergras (*Stipa gigantea*) sind nur einige wenige aus dem großen Sortiment.

Nicht vergessen werden dürfen die alten, historischen Rosen mit ihrem

5mm

Charme und betörenden Duft. Bevorzugte Blütenfarben: Rosa, Karmin- und Weinrot.

Eine der schönsten Kletterrosen ist *Rosa* 'Sympathie'. Ihre dunkelroten Blüten finden sich an bis zu vier Meter langen Trieben. Sie ist sehr robust und kann aus Stecklingen vermehrt werden. Bodendeckende Rosen finden Sie in der Tabelle auf S. 51.

Richtig schneiden

Alle Rosen blühen am Ende des einjährigen Holzes. Ohne Beschneiden wachsen sie immer höher und vergreisen im unteren Bereich. Deshalb sollten die Triebe grundsätzlich im Frühjahr beschnitten werden. Beetrosen werden im allgemeinen auf Trieblängen von 10 – 15 cm (etwa drei bis fünf Augen) gekürzt.

Strauchrosen erhalten ebenfalls keinen Herbstschnitt. Entfernt werden nur verblühte Blüten und dann im Frühjahr alte oder störende Triebe. Damit aber kein zu dichter Busch entsteht, sind die Seitentriebe auf zwei bis drei Augen zurückzuschneiden. Auch die Spitze wird gekappt. Damit läßt sich die Blühfreudigkeit erhöhen.

Beet- und Edelrosen werden beim Pflanzen (= Pflanzschnitt) bis auf drei bis fünf Augen zurückgeschnitten, bei Herbstpflanzung im Frühjahr und bei Frühjahrspflanzung vor dem Einsetzen. Gerade schwachwüchsige Beetrosen entwickeln sich dann sehr üppig, Edelrosen werden zu langstieligen Schnittblumen. Zur Verjüngung alter Pflanzen ist ebenfalls ein strenger Rückschnitt angebracht. Wichtig: Den Schnitt immer schräg und ca. 5 mm über den jeweils nach außen zeigenden Augen vornehmen.

Nutzgärtnern am Hang

Die Freude am Hanggarten findet mit der ganzjährigen Kultur verschiedenster Nutzpflanzen ihren krönenden Abschluß. Auch wenn der kleine Gemüse- und Obstgarten dem Hanggelände durch Terrassierung, Hoch- oder Hügelbeete und individuelle Bodenbearbeitung buchstäblich abgerungen werden mußte: Recht bald entschädigen der erste eigene Kopfsalat im Frühjahr, köstliche Erdbeeren im Frühsommer, fußballgroße Kohlköpfe im Herbst und dickschaftige Lauchstengel im Winter für all die Mühe.

Natürlich sind die Himmelsrichtung, das Kleinklima und die Bodenqualität entscheidend für den Erfolg. Süd- und Westlagen sind am wärmsten, jedoch stärker dem Wind ausgesetzt. Südhänge leiden immer unter Wassermangel. Auch Spätfrostschäden sind an vollsonnigen Hängen häufiger. Die Grundvoraussetzung für gute Ernten im Garten am Hang ist, daß er mindestens halbtägig besonnt wird. Allerdings: Mit zunehmender Sonneneinstrahlung und Wärme wird auch mehr Gießwasser benötigt. Nur wer mit Wasser und Dünger nicht geizt, wird sich an guter Qualität freuen können.

Immer wieder wird nach der idealen Größe eines Nutzgartens gefragt. Viele sind nämlich der Meinung, daß nur in großen Anlagen ganzjährig Ernten möglich sind. Daß dies nicht zutrifft, beweisen Anbauflächen von 40 – 60 m^2, die eine vierköpfige Familie ganzjährig mit Salaten, Gemüsen, Früchten und Beeren versorgen können. Dies bedeutet allerdings, daß buchstäblich jeder vorhandene Platz genutzt wird. Dabei sind optimale Kulturmöglichkeiten, wie z. B. das Hügel- und Hochbeet und das Zusammenpflanzen bestimmter Pflanzen, die sogenannte Mischkultur, schon längst kein Geheimtip mehr. Und wem es gelingt, Folien, Vlies, ein Frühbeet oder vielleicht ein kleines Gewächshaus zur Ernteverfrühung bzw. zur Anzucht von Jungpflanzen in den Hanggarten zu integrieren, kann getrost einem reichen Ertrag entgegensehen.

Entscheidend für den Erfolg sind die richtigen Aussaattermine. Möhren z. B. gelingen nur bei sehr zeitiger Aussaat im Frühling. Wer Feldsalat zur Winterszeit ernten will, sollte ihn möglichst im August säen. Manche Gemüsearten haben eine lange Entwicklungszeit. So müssen Herbst- bzw. Winterrettiche bereits im Juni in die Erde kommen. Auch die als Würzkraut hochgelobte Petersilie benötigt Monate, bis sie dann Suppen und Salate verfeinern hilft. Äußerst lohnend ist immer die Selbstanzucht von Kopf-, Pflück- und Schnittsalaten. Wer es hier versteht, die zahlreichen Sorten in kurzen Abständen kurz hintereinander auszusäen, kann tatsächlich ganzjährig ernten. Auch im Winter.

Denn dann, wenn die Endivie im Spätherbst unter Dauerfrösten leidet, bereichern der Zichoriensalat 'Zuckerhut', Radicchio und natürlich Feldsalat den täglichen Speisezettel. Auch der im Mai auszusäende Chicorée gewinnt immer mehr Freunde und steht dann zur Winterszeit als köstlicher Salat zur Verfügung.

Ideale Voraussetzungen bietet der Hang gerade für Beeren und Obst. Erinnert sei nur an die Reben, die an sonnigen Hängen buchstäblich zu Hause sind. Auch Himbeeren und Brombeeren lassen unter diesen Bedingungen reiche Ernten bei ausgezeichneter Qualität erwarten. Nicht zu vergessen sind Gurken, Paprika und Tomaten, die bei richtiger Sortenauswahl ungeahnte Erträge bringen.

Ein Platz für Kräuter

Gärten am Hang sind geradezu prädestiniert für ein kleines Kräuterbeet. Dabei ist der Bereich um die sonnig-warm gelegene Trockenmauer ein fast optimaler Standort für alles, was gut duftet, aromatische Tees liefert und dann zahlreiche Speisen verfeinern hilft. Ob Wild- oder Gartenkräuter, ihr Reichtum an Mineralstoffen, Spurenelementen, ätherischen Ölen und Duftstoffen ist auch für die naturgemäße Pflanzenpflege unumgänglich. Viele Kräuter tragen außerdem zum Schutz anderer Pflanzen bei. In Form von Jauchen wirken sie wachstumsfördernd und je nach Kräuterart als Tee, Brühe oder Auszug schädlingsabwehrend oder hemmend auf das Wachstum von Pilzen.

Wie bereits erwähnt, benötigen die vorwiegend in südlichen Ländern beheimateten Kräuter sonnige Standorte, damit sie ihr Aroma, die Würzkraft und die Heileigenschaften voll ausbilden können. Ihre Ansprüche an die Bodenbeschaffenheit sind durchwegs bescheiden. Besonders geeignet sind humusreiche, durchlässige und warme Böden, wie sie im allgemeinen in Gärten am Hang zu finden sind oder bei Bedarf vorbereitet werden können. Einmal gepflanzt, werden mehrjährige Kräuter von Jahr zu Jahr schöner. Doch auch die Einjährigen sind gern gesehen. Bald wird die Kräuterecke zum meistbesuchten Standort, nicht nur zum Ernten, sondern auch zum Verweilen. Viele Kräuter präsentieren sich nämlich während der Blütezeit in einem prächtigen Kleid und sind damit den zahlreichen anderen Pflanzen gleichzusetzen, die mit schönsten Formen und Farben jeden Hanggarten zu bereichern versuchen.

Wohnen und Leben am Hang

In den Hanggarten integrierte Terrassen erweitern den Lebensraum. Gerade dort lassen sich Pflanzen und Tiere hautnah erleben. Zum Wohnen und Leben am Hang braucht man deshalb mehr als ein paar Stühle und einen Tisch. Bereits der Boden, auf dem z.B. ein Sitzplatz als ein »Zimmer im Grünen« entstehen soll, muß vorbereitet werden. Evtl. ist ein Sichtschutz aus Pflanzen oder Holzelementen wichtig, denn nur damit entsteht Behaglichkeit und Geborgenheit. Sollen Sonne, Regen und Wind abgeschirmt werden? Es bedarf jedenfalls einiger Überlegungen, wo der Sitzplatz oder ein Spielplatz für Kinder angelegt werden soll. Später, wenn Treppen gebaut und Wege angelegt worden sind, werden Korrekturen schwierig und aufwendig.

Die Terrasse am Haus

Jede Terrasse wird, wenn sie bereits beim Hausbau richtig geplant wurde, zum elegantesten Übergang zwischen drinnen und draußen. Ein hausnaher Terrassensitzplatz bietet viele Vorteile. So ist der Weg zwischen der Küche und dem Gartentisch nur kurz. Und meist findet sich hier ein fester Bodenbelag, der ein gutes Begehen ermöglicht. Sonnenschirme und Markisen können beschatten. Angenehmer Schatten und natürliche Kühle findet man jedoch unter dem Blätter- und Blütendach einer bepflanzten Pergola. Möglichkeiten für den Bau einer Pergola gibt es viele. Schön sind immer Konstruktionen, die aus naturfarbenen Holzelementen zusammengesetzt sind. Doch auch als Säulen aufgemauerte Natursteine und darüber aufgelegte Balken aus Rund- oder Kanthölzern lassen sich ausgezeichnet in jeden Hanggarten integrieren. Dabei kann jede Art von Pergola an Stützmauern angelehnt oder aufgelegt werden. Ihre freien Zwischenräume sind in kürzester Zeit dicht bewachsen. Als luftige Wand- und Dachverkleidung eignen sich zahlreiche Kletterpflanzen: Blauregen, Clematis, Efeu, Geißblatt, Knöterich und Wilder Wein. Während einige davon den Sitzplatz in einen dichten Blätterpelz hüllen, erfreuen andere Arten zusätzlich mit üppigem, oft sommerlangem Blütenschmuck.

Eine Bank zum Genießen und Träumen

Gerade ein Garten am Hang braucht kleine Ruheplätze. Neben größeren Steinen und Baumstümpfen sind es vor allem Bänke, die zum Verweilen einladen. Sie können mit wenigen Mitteln selbst hergestellt werden, z.B. aus Natursteinplatten oder einem durchgesäg-

ten Baumstamm. Es gibt auch viele sehr schöne Gartenbänke im Fachhandel, ob rustikal, antik oder englisch, dort läßt sich für jeden Geschmack etwas finden. Und dann wird nur noch ein lauschiger Platz benötigt: an der Trockenmauer, inmitten der Blumenwiese, am kleinen Bach oder Teich.

Das kleine Gerätehaus

In größeren Hanggärten ist sicher Platz für ein kleines Gartenhaus, welches die Arbeitsgeräte aufnehmen kann. Damit findet alles, was zum Gärtnern am Hang benötigt wird, eine geordnete und gartennahe Bleibe. Ein Anlehnhaus an eine evtl. vorhandene Stützmauer läßt sich besonders gut in den Garten am Hang integrieren. Wichtig: mancherorts sind Gartenhäuser usw. anzeige- bzw. genehmigungspflichtig.

Spielen am Hang

Der Garten am Hang übt auf Kinder eine besondere Faszination aus. Vor allem dann, wenn er durch Treppen und Wege erschlossen, wenn Trockenmauern aufgebaut, Ruheplätze und Wasser integriert wurden, erweitert sich der Garten zwangsläufig zu einem Spielzimmer im Freien. Allerdings nicht ohne Gefahren. Vor allem kleinere Kinder dürfen nicht unbeaufsichtigt bleiben. Doch wenn sie etwas größer geworden sind, wird ein derartiger Garten zum Abenteuerspielplatz. Dann darf außer Schaukel und Sandkasten das Klettergerüst, ein Hanghäuschen und der Platz für das Indianerzelt nicht fehlen. Und was wäre ein Hanggarten ohne Rutsche? Dabei müssen Spielgeräte nicht unbedingt perfekt sein. Ganz wichtig ist, daß alle Konstruktionen fest und unfallsicher aufgestellt sind.

Arbeitskalender rund ums Jahr

Januar und Februar

● Jetzt den Hanggarten planen oder Ideen für Änderungen zu Papier bringen.
● Pflanzenkataloge durchsehen und Bestellungen für die Frühjahrspflanzung vornehmen.

● Am Zimmerfenster oder auch im beheizten Kleingewächshaus können bereits jetzt erste Aussaaten von verschiedenen Sommerblumen, einigen Gemüsen und Gartenfrüchten vorgenommen werden. So läßt sich die Blütezeit und die erste Ernte um einige Wochen vorverlegen.

März

● Pflanzerde vorbereiten.
● Zum Monatsende und bei aufgetauter Erde: Grunddüngung mit organischem Dünger, z. B. Peru-Guano (je nach späterer Nutzung des Bodens: 60–100 g/m^2).
● Um Beetstauden und Gehölze evtl. vorhandenen Kompost ausbringen und leicht einarbeiten.
● Aussaat von Einjährigen ins Freiland. Unter oder hinter Glas weitere Aussaaten vornehmen.
● Bei frostfreiem Wetter sind erste Pflanzungen von Stauden und Gehölzen möglich.
● In das gut isolierte und bei Frost zusätzlich abgedeckte Frühbeet können erste Pflanzen einziehen.
● Auslichten und Schneiden von Rosen, Kletterpflanzen, Brombeeren und sommerblühenden Ziersträuchern, z. B. Fingerstrauch, Sommerflieder, Strauchhortensie und einige Spierstrauch-Arten.
● Stehengebliebene Stengel und Blütenstände von Stauden unmittelbar über der Erde abschneiden und kompostieren.
● Zum Monatsende, sofern es die Witterung erlaubt: Schutzabdeckungen, wie Fichten- und Kieferreisig, Stroh usw. entfernen.
● Über Winter angefallenes Laub möglichst liegenlassen, es dient mit dem nun nahenden Frühling dem Regenwurm und den zahlreichen Kleinlebewesen als Nahrung.
● Gründüngungspflanzen einsäen.

April

● Beste Pflanzzeit für viele Kräuter (nicht frostempfindliche), sommer- und herbstblühende Stauden.
● Zu üppig gewordene und überalterte Beetstauden teilen.
● Abnehmen und Einpflanzen von Tochterrosetten der Hauswurzen.
● Gräser und Farne abschneiden.
● Anlage einer Blumenwiese oder eines Rasens.
● Herstellung von Massivmauern, Holz- und Betonpalisaden in Magerbeton setzen, Treppen bauen und Wege anlegen.
● Letzte Möglichkeit, um laubabwerfende Gehölze, Kletterpflanzen und Immergrüne einzusetzen.
● Anlegen und Bepflanzen eines Steingartens, der Trockenmauer und des kleinen Sukkulentengartens.
● Neuanlagen bei starker Sonneneinstrahlung schattieren.
● Im Herbst und in diesen Tagen neugepflanzte Stauden und Gehölze bei längerer Trockenheit wässern.
● Unter Folie und Vlies können Salat und sonstige unempfindliche Nutzpflanzen gesät bzw. gepflanzt werden.
● Schonendes Lockern der Erde mit Grabegabel oder Sauzahn, dabei gleichzeitiges Entfernen von hartnäckigen Wurzelunkräutern, z.B. Quecke, Winde, Schachtelhalm.
● Den Gartenteich säubern.
● Günstigste Zeit für die Anlage eines Feuchtbiotops.
● Letzter Termin für den Schnitt von Rosen.

— Arbeitskalender —

● Sommerblühende Zwiebeln und Knollen pflanzen.
● Mulchen erspart das Unkrautjäten und vermehrtes Lockern des Bodens.

Mai

● Sofern nicht bereits im April geschehen: Anlage einer Blumenwiese oder eines Rasens.
● Abgeblühte Frühlingszwiebelblumen nicht abschneiden. Sie werden später, wenn sie abgetrocknet sind, einfach aus der Erde gezogen. Allerdings: Verwelkte Blüten sollten laufend entfernt werden, denn eine Samenbildung kostet die Zwiebeln viel Kraft.
● Letzter Termin für die Aussaat von Sommerblumen, wie z.B. Ringel- und Kornblume, Jungfer im Grünen und Rittersporn.
● Beste Aussaatzeit für Kapuzinerkresse, denn sie ist frostempfindlich.
● Pflanzzeit für Seerosen.
● An warmen Tagen neugepflanzte Stauden und Gehölze gießen.
● Abgeblühtes an Polsterstauden entfernen.
● Stecklingsschnitt von Gehölzen und Rosen.
● Frostempfindliche Nutzpflanzen und Sommerblumen pflanzen.
● Auf Schädlinge achten.

Juni und Juli

● Auslichten frühjahrsblühender Ziersträucher, wie z.B. Flieder, Forsythie, Ginster, Tamariske und Zierjohannisbeere. Dabei sollten dreijährige Triebe entfernt werden.
● Entfernen von inzwischen abgetrockneten Blatt- und Stengelteilen der Blumenzwiebeln.
● Vermehrung von Gehölzen und Rosen durch Stecklinge.
● Herbstblühende Stauden werden gedüngt.
● Pflanzung von Herbstzeitlose und Herbstkrokus.
● Bereits verblühte Beetstauden, z.B. Rittersporn und Spornblume, bis handbreit über dem Boden zurückschneiden. Sie blühen dann noch ein zweites Mal.
● Laufendes Abschneiden von abgeblühten Blüten der Rosen, Sommerblumen und Knollengewächsen, z.B. der Dahlien. Damit läßt sich die Blütezeit verlängern.
● Gießen nicht vergessen!
● Im Gartenteich abgestorbene Teile der Seerosen entfernen und auf Algen achten.
● Teekräuter ernten.

August

● Pflanzzeit für Iris und Pfingstrosen. Kaiserkronen, Feuer- und Madonnenlilien können ebenfalls gepflanzt werden.
● Bei Beetstauden Verblühtes entfernen, Lavendel zurückschneiden.
● Stecklingsvermehrung von winterharten Feigenkakteen.

September bis November

September

● Anlage einer Blumenwiese oder eines Rasens.
● Aussaat von robusten Einjahrsblumen zum Verwildern.
● Frühjahrs- und frühsommerblühende Stauden teilen und verpflanzen.
● Anlage von Steingärten, Trockenmauern, Freilandsukkulentenbeeten usw.
● Bei öfterblühenden Rosen auch jetzt noch Verblühtes entfernen, sie blühen dann bis zum Frost.
● Frühjahrsblühende Blumenzwiebeln und -knollen können schon gepflanzt werden.
● Auf abgeräumten Beeten im Nutzgarten Gründüngungspflanzen einsäen.

Oktober

● Laubabwerfende Gehölze pflanzen; besonders Pflanzen ohne Ballen gut angießen und bei trockenem und sonnigem Wetter laufend wässern.
● Pflanzzeit für Rosen. Vor dem Einsetzen die Wurzeln möglichst über Nacht in einen mit Wasser gefüllten Eimer einstellen.
● Stauden teilen und verpflanzen.
● Tulpen, Narzissen usw. pflanzen.
● Im Nutzgarten frostempfindliches Gemüse vor ersten Minusgraden schützen.
● Auf Treppen und Wegen zusammengewehtes Laub zum Mulchen zwischen Stauden und unter Gehölzen verwenden.

● Wintergrüne Gehölze an frostfreien Tagen noch einmal durchdringend wässern.
● Sommerblühende Zwiebel- und Knollengewächse einwintern.
● Gestalterische Arbeiten im Hanggarten durchführen.

November

● Immer noch können bei frostfreiem Wetter Gehölze, Kletterpflanzen und Stauden gepflanzt werden.
● Letzter Pflanztermin für viele Blumenzwiebeln.
● Alle im Herbst blühenden Stauden wie auch Gräser gehen ungeschnitten in den Winter.
● Evtl. letztmalig den Rasen schneiden.
● Gegen Kälte oder Wintersonne empfindliche Gewächse erhalten einen Winterschutz aus Kiefern- oder Fichtenreisig, strohigem Mist o. ä.
● Fallaub einsammeln und auf die Beete geben. Mit den Resten und auch weiter anfallendem Stengel- und Zweigmaterial einen Komposthaufen, sofern nicht bereits vorhanden, anlegen.
● Im Gartenteich abgestorbene Pflanzenteile und hineingewehtes Laub entfernen. Alles, was jedoch aus dem Wasser ragt, z.B. Binsen, Rohrkolben und Schilf, bleibt den Winter über stehen. Somit entweichen Faulgase, die Sauerstoffversorgung wird verbessert, und der Eisdruck gemildert. Bei einer Wassertiefe ab 80 cm können in der Regel Seerosen und Fische darin verbleiben

(klimatische Verhältnisse vor Ort berücksichtigen!).
● Regentonnen entleeren und Gartengeräte einwintern.

Dezember

● Evtl. Restarbeiten vom November abschließen.

● An frostfreien Tagen Neupflanzungen und wintergrüne Gewächse kräftig gießen.
● Nach starkem Schneefall wertvolle Koniferen von Schnee befreien, damit die Äste nicht abbrechen.
● Und ansonsten bereits jetzt für das kommende Jahr Pläne schmieden und …
… endlich einmal ausruhen.

Anhang

Bezugsquellen
(Deutschland, Österreich und Schweiz)

Arjobas
Piesing 17
A-4682 Geboltskirchen
(Wildgehölze)

Joachim Carl
Pforzheimer Alpengarten
Auf dem Berg
W-7530 Pforzheim-Würm
(Steingartenstauden u. ä.)

J. Eschmann
Alpengarten
CH-6032 Emmen
(Steingartenstauden u. ä.)

Kayser & Seibert
Odenwälder Pflanzenkulturen
Wilhelm-Leuschner-Str. 85
W-6101 Roßdorf
(Staudenversand, Gehölze, Rosen)

Heinz Klose
Staudengärtnerei
Rosenstr. 10
W-3503 Lohfelden
(Steingartenstauden u. ä.)

Ruth & Peter Kohle
Bibisee 4
W-8197 Königsdorf
(Wasserpflanzen)

Bezugsquellen

W. Kordes' Söhne
Rosenstr. 54
W-2206 Klein Offenseth-Sparrieshoop
(Rosenversand)

Naturwuchs
August-Bebel-Str. 16 – 18
W-4800 Bielefeld 1
(Wildgehölze)

Naturwuchs
Kleinhaderner Weg 1
W-8032 Gräfeling
(Wildgehölze)

Max Schleipfer
Sedelweg 71
W-8902 Neusäß
(Steingartenstaudenversand)

Dr. Hans Simon
Staudenweg 2
W-8772 Marktheidenfeld
(Staudenversand)

F. Sündermann
Alpenpflanzengärtnerei
Aeschacher Ufer 48
W-8990 Lindau
(Steingartenstauden u. ä.)

Karl Wachter
W-2081 Appen-Etz
(Wasserpflanzen)

Gisela Treuheit
Sörnewitzer Str. 36
O-8256 Weinböhla
(Winterharte Sukkulenten)

Gräfin v. Zeppelin
Laufen
W-7811 Sulzburg
(Staudenversand)

Baumaterialien, Steine, Platten usw. gibt es im örtlichen Baustoffhandel. Baumschulen führen neben verschiedensten Gehölzen auch Rosen, Gräser und Stauden. Teichfolien, Dünger, Stauden, Gehölze und Rosen werden fast in jedem Gartencenter und im Gartenfachhandel angeboten.
Bodenuntersuchungen sind mit Testsets der Fa. Neudorff ohne großen Aufwand möglich. Derzeit (1991) sind im Programm: Calcitest, Kalitest, Nitrattest und Phosphattest. Spezialanalysen werden oft von örtlichen Firmen wie Gartenfachgeschäften, jedoch auch von Landwirtschaftsämtern durchgeführt.
Testsets (Stand 1991) über den Versandweg anfordern bei Fa. Kayser & Seibert, Wilhelm-Leuschner-Str. 85, 6101 Roßdorf (Kosten vorher erfragen).

Anhang

Register

Anhang

Anhang